Joachim Hardy
Drei Worte

Joachim Hardy

# Drei Worte

Rediroma-Verlag

Bibliografische Information der
Deutschen Nationalbibliothek:
Die Deutsche Nationalbibliothek verzeichnet
diese Publikation in der Deutschen Nationalbiblio-
grafie; detaillierte bibliografische Daten sind im
Internet über
http://portal.dnb.de abrufbar.

ISBN 978-3-96103-984-5



www.rediroma-verlag.de
9,95 Euro (D)

## Drei Worte

Eine gute Freundin, die ich während meiner lagen Reha-Zeit nach einem überlebten Unfall kennenlernte, stellte mir im vergangenen Winter eine interessante Möglichkeit vor, aus nur drei Worten eine Geschichte zu schreiben. Das Ergebnis fand ich phänomenal! Es geht um die ersten drei Worte, die ihr jeweils beim morgendlichen Erwachen einfallen. Sie können aus einem Traum stammen oder durch das Spiel des Tageslichtes initiiert werden. Genau so gut aber auch durch eine im Raum umhersummende Fliege oder durch Geräusche, die von draußen kommen.

Aus diesen drei Worten bildete sie jeweils eine Geschichte, in der alle drei Worte stimmig miteinander in Beziehung gesetzt werden. Sie las mir einige ihrer so entstandenen Kurzgeschichten vor, die sie in ein kleines Heft gleich nach dem Wachwerden, aber noch vor dem Aufstehen notierte. Davon war ich völlig fasziniert! Ich wusste ja, dass sie künstlerisch begabt ist. Aber ihr Schwerpunkt liegt in der Bildenden Kunst. Sie formt Skulpturen und erstellt aussagekräftige Plastiken. Diese Gabe, genau so bildhaft mit Prosa wie mit formbaren Materialien zu jonglieren, hatte ich nicht vermutet. Einfach großartig! Ich klebte förmlich an ihren Worten als sie mir ihre ersten Kurzgeschichten vorlas.

Ich will es seitdem auch immer mal versuchen. Aber jetzt werde ich es tun. In meinen Geschichten werde ich auch eigene Erlebnisse und Erinnerungen verarbeiten. Natürlich immer gemischt mit einem gewissen Grad an erzählerischer Freiheit und Fantasie. Wieviel wahr und welcher Teil fiktiv ist, wird allein mein Geheimnis bleiben…

**Inhalt**

## **Haargummi – Baugerüst – Rose**

Auf dem Nachtschrank liegt ein Gummiring. Ein ganz gewöhnlicher Gummi, den man öfter im Haushalt braucht oder wie er auch verwendet wird, um ein Bund Radieschen zusammen zu halten. Ein kleiner roter Gummiring, der dort ein wenig verdreht und in sich verwunden herumliegt. In ihm befinden sich die Reste von einigen dunklen Haaren, was darauf hindeutet, dass er zum Binden eines Haarzopfes verwendet wurde. Eines dunkelhaarigen Zopfes genaugenommen.

Das Bett neben dem Nachtschrank ist stark zerwühlt und beiseite geschlagen wie nach dem Aufstehen und verströmt noch den warmen Duft der darin aufgewachten Menschen. Sicher gehört einer zu dem **Haargummi**. Die darin noch befindlichen Haare sprechen davon, dass der Zopfhalter ohne besondere Sorgfalt, vielleicht sogar eilig, aus den Haaren gestreift wurde.

Inzwischen fällt ein sonniger Lichtschimmer in das nur einen Spalt geöffnete Fenster des Zimmers. Straßengeräusche und ein wenig Baulärm dringen dadurch ein und auch ein Hauch kalkigen Staubes. Das Fenster richtet sich zur Straße und am Haus ist ein **Baugerüst** aufgestellt. Einige Bauarbeiter mit gelben Bauhelmen laufen polternd auf den Etagen des Gerüstes hin und her und tragen Dinge zu den Orten, an denen sie gebraucht werden. Sie rufen sich kurze laute Kommandos zu und verrichten routiniert ihre Arbeiten. Maschinen sind zu hören. Bohrhämmer tickern sich ins Mauerwerk und Zementmischer raunen dazu schnarrend ihre immer gleiche Melodie. Trennschleifer schrillen und sprühen Funken. Alles scheint nach einer Partitur abzulaufen. Es erinnert an ein unsichtbar gelenktes Schauspiel, bei dem die Regisseure und die Souffleuse weitestgehend im Verborgenen agieren. Irgendwer hat hier die Fäden in der Hand und setzte dieses Puppentheater in sinnvoll geordnete Bewegung.

Es muss dieser Mensch mit dem einzigen roten Helm sein, der nicht nur die Koordination der Baustelle in seinen Händen hält, sondern auch großformatige Pläne auf widerborstig im Wind flatterndem Papier. Mit verschiedenen Handzeichen werden Kommandos gegeben, die auf der Empfängerseite verstanden und sofort ausgeführt werden. Der Respekt, der dieser Person entgegengebracht wird, ist nicht zu übersehen.

Es ertönt plötzlich ein kurzes schnarrendes, aber lautes Geräusch. Eine Pausenhupe vermutlich. Wie gleichgeschaltet bewegen sich die Gelbhelme nach und nach geordnet zum Boden der Baustelle und versammeln sich von einem Raunen begleitet in einem Bauwagen. Scheinbar um ihr Frühstück gemeinsam einzunehmen. Die Tür des Wagens ziehen die Arbeiter hinter sich zu.

Für den Polier ist es nun auch an der Zeit, sich zur Pause zu begeben. Er geht die Gerüstbohlen entlang zur nächsten abwärtsführenden Treppe und kommt so an dem einen spaltweit geöffneten Fenster vorbei. Erst jetzt ist bei genauem Hinsehen erkennbar, dass dort ein ausgestreckter Arm herausragt. Am Ende des Arms eine Hand mit einer einzelnen roten **Rose**. Der Polier stoppt, setzt den roten Helm ab und nimmt die Blume etwas zögerlich entgegen, führt deren Blüte zur Nasenspitze und zieht mit halb geschlossenen Augen ihren süßen Duft ein. Einen Moment lang bewegt sich scheinbar nichts und niemand. Völlige Stille liegt in der Luft. Sogar der Baustaub scheint für diese Sekunde bewegungslos seine Position in der Luft zu halten.

Das Fenster öffnet sich etwas weiter. Mit einer schnellen schüttelnden Kopfbewegung wird plötzlich aus dem welligen Haarschopf, der noch bis vor wenigen Sekunden unter einen roten Bauhelm versteckt war, eine lange lockige Mähne und offenbart nun eine dunkelhaarige Schönheit! Nur in Höhe des Nackens ist eine tiefe Welle im Haar, als ob es dort bis vor kurzem zusammengebunden gewesen war. Sie setzt sich etwas schräg außen auf das Fensterbrett, die Rose in ihren Fingern.

Ein zufriedenes Lächeln macht sich auf ihrem Gesicht breit, das fast bis zu den Ohren reicht und süße Grübchen auf ihren Wangen bildet. Von hinten umschlingen sie nun zwei kräftige Hände, von denen sie sich geschmeidig wie eine Katze gern durch die Fensteröffnung ins Innere des Zimmers heben lässt...

## Flöte – Radfahrer – Kamera

Ich wache auf und das Sonnenlicht krabbelt mit seinen morgendlichen goldenen Strahlen an meiner Nase. Mein erster Gedanke an diesem Tag ist, ich sollte mal einen wirklich magischen Ort aufsuchen! Doch was stellt man sich darunter genau vor? Ein magischer Ort. Das sagt sich so leicht. Was ist das?

Es ist noch so kuschelig im Bett, dass ich die Augen noch mal schließe und ein wenig weiterträume. Die Sonne dringt hell durch meine geschlossenen Augenlider und taucht meine Geanken in goldenes Licht. Ein Frühstück im Bett wäre jetzt schön! Aber wenn ich an die Krümel denke...

So gehe ich aus dem Haus und mache mich auf, diesen Ort zu finden. Mein Spaziergang führt mich durch die Innenstadtstraßen vorbei an Cafés, in denen Leute frühstücken und dabei die Tageszeitung studieren. Am Straßenrand sitzt eine junge Frau auf einem abgesägten Baumstumpf und spielt eine romantische Melodie auf einer kleinen **Flöte**. Als die Straßenreinigung in ihre Nähe kommt halten die drei Männer ihren Kehrwagen an und lauschen einige Minuten ihrem Spiel. Als sie dann ihren Weg und ihre Arbeit fortsetzen, haben alle drei ein kleines Lächeln in ihren Gesichtern und ihre von strahlenförmigen Lachfalten eingerahmten Augen haben etwas mehr Glanz als zuvor. Kleinste Mikroexpressionen zucken als unkontrollierbare Gesten durch ihre Gesichtsmuskeln und verraten, dass sie der Auftritt der Flötistin im Innersten erreicht hat. Einer der drei pfeift das Flötenlied nun aus dem Gedächtnis weiter. Ist das der Ort, nach dem ich suche?

Mein Weg führt mich weiter an den Rand der Stadt. Aus manchen Fenstern, der hier wie zu einer Musterhaus-Ausstellung aufgereihten Villen, liegen die Betten zum Lüften aus. Eine Frau schüttelt gerade eine Decke aus. Es erinnert ein wenig an eine Szene aus „Frau Holle". Die penibel gepflegten Gärten vor den Häusern verraten, dass hier unendlich viel Zeit in das äußere Erscheinungsbild investiert wird. Hier liegt nichts, wo es nicht hingehört. Die Zweige der Hecken sind auf ein züchtiges Maß gestutzt, fast wie ein frisch auf Kontur getrimmter Bart. Die makellosen und unkrautfreien Rasenflächen erstrecken sich wie grüner Samt zwischen den Blumenbeeten und Natursteinwegen. Nichts ist hier dem Zufall überlassen, auch wenn es hier oder da so wirken soll. Vielleicht ist dies der gesuchte magische Ort?

Nun schließt sich die Natur an. Unbefestigte Wege führen aus dem Vorort hinaus über Wiesen und durch Baumgruppen, für die die Bezeichnung

„Wald“ noch nicht ausreicht. Ab wie vielen Bäumen heißt es eigentlich „Wald“? Die in der Morgensonne verdunstende Feuchtigkeit reißt die Düfte der verschiedenen Gräser mit in die Luft, die dadurch wie ein angenehm aromatischer Kräutertee duftet. Ein Schäfer hat hier seine Schafherde zum Weiden eingegattert. Die Tiere unterhalten sich in ihrer typischen Sprache mit ihren Lämmern und zupfen das frische saftige Gras aus der taufeuchten Wiese. Ich würde beinahe sagen, es scheint ihnen richtig gut zu schmecken. Man sieht ihnen den Genuss an. Drei große Hunde, die dafür ausgebildet sind, die Schafe zu bewachen, sind scheinbar noch zu müde für ihre Aufgabe. Sie liegen nahe beieinander und gähnen abwechselnd ausgiebig, um sich sogleich wieder zu rekeln und bequem ausstrecken. „Ein bisschen noch dösen“ denken sie, und dann passen wir aber gleich auf die Herde auf. Nur sollte sich niemand von diesem scheinbaren Dämmerzustand der großen Hunde täuschen lassen! Auch wenn ihre Augen an diesem Morgen nur einen Millimeter geöffnet sind, haben sie ihre Reviergrenze sicher im Blick und sind hundertprozentig darauf vorbereitet, diese gegen jeden Eindringling entschlossen zu verteidigen. Das wiegt ihre Schützlinge in sicherer Gewissheit. Ich bin angekommen. Das ist doch der magische Ort, oder?

Ein seichter Hügel liegt vor mir. Um noch mehr von der Landschaft sehen zu können, erklimme ich ihn sofort. Naturgemäß interessiert mich, was hinter der Anhöhe liegt. Vielleicht ein kleiner Teich oder ein Bauernhof? Auf halbem Weg kommt mir ein **Radfahrer** entgegen und zieht meine Blicke auf sich. Er ist nass. Nicht nur nass, wie man es von einem kurzen Regenschauer kennt, sondern triefnass. Durch und durch. Als wäre er ins Wasser gefallen und eiligst, ohne sich auch nur im Geringsten zu trocknen, auf sein Rad gestiegen. Er wollte den lebensbedrohlichen Ort schnellstmöglich verlassen! An seinem Lenker baumelt eine alte Klapptasche wie sie in vergangenen Zeiten gern von Landärzten benutzt wurde. Die Gesichtszüge des Mannes verraten, dass er bis hierher keine leichte Zeit hatte. Viele tiefe Furchen sprechen Bände aus seinem Leben. Irgendwie erschrickt mich der kurze Anblick in diesem Moment! Was ist ihm passiert? Was ist da hinter dem Berg?

Auf dem Gipfel angekommen sehe ich mich in alle Richtungen um. Kein Teich, kein Bauernhof, aber auch keine einzige regenschwangere Wolke am Himmel, die ihre nasse Fracht über dem Radfahrer hätte entladen können. Alles, was auf dem Berg steht, ist eine recht große Videoleinwand. Erstaunlich, dass sie nicht schon von weitem zu sehen war. Bildpunkte flackern über ihre Oberflche, die bei zu naher Betrachtung kaum einen Zusammenhang erkennen lassen. So vergrößere ich die Entfernung um ein paar Meter um mehr Schäfe in das Bild zu bekommen. Vielleicht erkenne ich ja dann, was darauf angezeigt wird. Mit jedem Zentimeter Abstand werden die Konturen schärfer und was ich erkenne, versetzt mich in Erstaunen. Ich sehe mich selbst darauf! Es muss also irgendwo eine **Kamera** geben, die das von ihr eingefangene Bild in das Großformat der Leinwand transformiert. Wer kennt das nicht bespielsweise aus Geschäften, die mit Fernsehapparaten handeln. Wie an Marionettenschnüren geführt stellt sich in der Situation jeder davor, zieht Grimmassen und beobachtet seine eigenen Bewegungen auf dem visavis befindlichen Fersehgerät. Fast wie vor einem Spiegel, nur nicht wie von diesem gewohnt seitenverkehrt. So weden Erwachsene Menschen zu Kindern und machen ausgelassen Faxen und fühlen sich trotz einer Menschenmenge um sie herum völlig unbeobachtet.

Doch was ist das? Eiskalt stellen sich meine Nckenhaare auf und machen den Weg für den Schauer, der mir nun den Rücken herunterläuft, frei. Normalerweise zeigt solch ein Bildschirm meine Aktionen mit einer Millisekunde Verzögerung, die der verarbeitende Rechner für die bildliche Umsetzung der Signale braucht. Hier ist es genau andersherum. Mein Abbild auf der Videowand bewegt sich zuerst und gibt mir unwiderrufbar meine Bewegungen vor! Der Mann im Video hebt die Arme. Anschließend tue ich es ihm gleich und kann gar nichts dagegen tun. Er hüpft und ich folge ihm, ohne dass ich das Gringste daran ändern kann. Gruselig! Mit usichtbaren Bändern übernimmt der Apparat die Regie über mein Handeln! Was mag wohl dem armen nassen Mann auf dem Fahrrad widerfahren sein? Irgendwie gelingt es mir aber schließlich, mich vom übergroßen Bildschirm abzuwenden, der mich so dermaßen in seinen Bann zieht. Eilig renne ich den Berg hinab, aber die Beine tragen mich nicht annähernd so schnell wie mein Wille, mich von diesem unheimlichen Ort zu entfernen.

Unten am Saum des Hügels angekommen halte ich einen Moment inne und verschnaufe in tiefen Zügen, indem ich mich vorbeuge und die Hände auf die Knie stütze. „Was war das denn bloß?“, resümiere ich. Ich mache mir Gedanken, wie so etwas funktioniert und wie es mich dermaßen vereinnahmen konnte.

Noch während dieser Gedankengänge macht sich ein kleines Jucken in meinen Augenwinkeln breit, das ich weg zu reiben bemüht bin. Jetzt strahlt wieder das grelle Sonnenlicht in meine

Augen, was mich etwas blinzeln lässt. Ich öffne die Augen ganz, werde nun wach und liege noch immer im Bett. Ein wirklich magischer Ort! Einen Moment versuche ich noch zu unterscheiden, was Traum war und was Realität ist…

**Laptop – Aktentasche - Wange**

Als sich der Zug in Bewegung setzt, suchen sich die letzten Passagiere einen Platz zwischen denen, die schon früher zustiegen und bei Einfahrt in den **Bahnhof** bereits ihren Sitzplatz haben. Durch Ausgestiegene entstanden Lücken zwischen denen, die schon ein Teil ihrer Fahrt geschafft haben.

Der Wagon ist in Abteile aufgeteilt. Wie in einem kleinen Zimmer sitzen sich die Leute durch einen kleinen Tisch geteilt in zwei Gruppen gegenüber. Die "Alten" mustern die "Neuen" und die tun es umgekehrt. Die sich noch völlig fremden Menschen, die in wenigen Augenblicken ein Stück ihrer Reise gemeinsam verbringen werden, beschnuppern sich aufs Gründlichste. Schließlich muss man doch wissen, mit wem man es in den nächsten Minuten oder gar Stunden zu tun hat! Man studiert gegenseitig die Gesichtsausdrücke und versucht instinktiv, daraus Eigenschaften abzuleiten und Verhaltensgrundsätze herauszufinden. Wer kennt das nicht? Das liegt tief in der Natur des Menschen verwurzelt.

In Fahrtrichtung am Fenster sitzt eine fröhlich wirkende ältere Dame. Sie sitzt dort nicht von Beginn ihrer Fahrt an. Nein, sie hat sich den Fensterplatz ergattert, als ihn der letzte Fahrgast bei

Erreichen dieser Bahnstation verließ. Dies hat ja auch den Vorteil gegenüber einem Mittelplatz auf so einer Dreierbank, dass man nur mit einer fremden Schulter kuscheln muss und nicht mit zweien. Die Freude darüber ist ihr buchstäblich anzusehen.

Jetzt gegenüber sitzt ihre beste Freundin, eine Frau etwa im gleichen Alter. "Etwas erleben und jeden Tag genießen!" sollte ihr gemeinsames Motto sein. Schöne Momente einfangen, Spaß haben und die herrlichen Ausblicke sind ihre gmeinsame Motivation für diese Reise. Auch sie ist beim Halt des Zuges zum Fenster nachgerutscht. Nun haben sie den kleinen Tisch unter dem Abteilfenster genau zwischen sich und endlich eine praktische Abstellmöglichkeit für ihren Picolo-Sekt, dem es in der Hand sonst allmälig zu warm geworden wäre.

Zugestiegen ist ein etwa fünfundzwanzig Jahre junger Mann, der etwas schüchtern wirkt. Sauber und ordentlich gekleidet ist er! Irgendwie wirkt es, als hätte ihn Mutti angezogen. Das Hemd unter der Jeansjacke, die sogar eine Bügelfalte an den Ärmeln hat, ist bis zum Hals zugeknöpft und unterfüttert diese Erscheinung zusätzlich. Er suchte sich einen Platz in Fahrtrichtung direkt an der Abteiltür aus, sodass eine Lücke zu der Dame am Fenster bleibt und beginnt augenblicklich auf einem kleinen **Laptop** zu surfen. Nicht weil er etwas dringendes zu erledigen hat, das keinen Aufschub duldet, aber vielleicht um seine Augen auf etwas richten zu können. Am liebsten hätte er bestimmt ein Abteil ganz für sich allein, um weniger der Blickkommunikation mit den anderen Fahrgästen ausgesetzt zu sein.

Der Zug setzt sich fast ohne jeglichen Ruck in Bewegung und beginnt, mit ganz leisem Rauschen der Räder aus dem Bahnhof zu rollen. Eilig reißt jemand die Tür des kleinen Appartments auf. Ein Mann lässt sich geschafft in den Mittelsitz neben der Dame fallen und verschnauft. Er hat den Zug wohl nur mit Mühe gerade noch erreicht und muss nun erstmal regenerieren. Die Röte in seinem Gesicht wird sich in den nächsten Minuten bestimmt verflüchtigen und das Schwitzen nachlassen. Er hat nur eine alte **Aktentasche** bei sich, die er zwischen seine Füße unter die Bank schiebt. Scheinbar ist nichts besonders Wertvolles darin. Vielleicht fährt er nicht mit, um sich die herrliche Berglandschaft aus dieser einzigartigen Perspektive anzuschauen, sondern schlicht um zur Abeit zu kommen. Kurz darauf fallen ihm auch schon die Augen zu und er sinkt in einen scheinbar wohlverdienten Schlaf.

Der Panoramazug ist jetzt inzwischen fast zehn Miuten unterwegs, als sich die Tür abermals um einen zwei Augen breiten Spalt öffnet. Gerade genug um einen schmalen Streifen des Gesichts hineinzustecken und vorsichtig hereinzuschauen. Anders gelingt dies auch nicht, weil die Scheiben zum Gang durch zugezogene Gardinen undurchsichtig gemacht wurden. “Ist hier noch ein Plätzchen frei?” fragt die junge Frau. Da sie es ja bereits sieht, wartet sie die Antwort nicht ab, öffnet die Schiebetür ganz und versucht, sich mit zwei Koffern und einer über ihre Schulter gehängten Reisetasche den Weg ins Abteil zu bahnen. Der junge Mann strahlt sie mit seinen weit aufgerissenen Augen an und klappt seinen Laptop zu, um ihr beim Verstauen des Gepäcks behilflich zu sein. Sie nimmt seine Hilfe dankend an und ewidert lächelnd seinen Blick, was ihn für einen Moment flüchtig erröten lässt. Anschließend nimmt sie den freien Platz zwischen ihm und der einen lebensgenießenden Dame ein.

Auf dem Weg zu seinem Bestimmungsort muss der Zug so einige Höhenmeter überwinden und schlängelt sich gekonnt durch die Berglandschaft. Wo eine Streckenführung anders nicht möglich ist, wurde der Berg durchbohrt und ein Tunnel installiert. Der gesamte Verlauf der Bahnlinie und der in großzügigem Abstand verlaufende Autoverkehr machen auf diese Weise einen regelrechten Schweizer Käse aus der Umgebung.

Ein Hupton. Schon ist der erste Tunnel erreicht. Gemächlich kriecht der Tausendfüßler durch sein Wurmloch ins Berginnere, wo seine Behausung zu sein scheint. Vom Geräusch auf den Schienen ist nicht viel zu hören, nur dann und wann ächzt der Zug mit ein paar Knarrgeräuschen, die ihm die schwere Arbeit anmerken lassen. Er ist ja schließlich nicht der Jüngste.

Jetzt hat das Schwarz des Tunnels auch unseren Zugabschnitt verschluckt und es wird dunkel. Nicht schummrich, sondern undurchschaubare Finsternis nimmt den Raum ein. Nicht mal schmenhaft lassen sich jetzt Gegenstände oder Gestalten wahrnehmen.

Plötzlich zerschneidet ein kurzer Aufschrei die Stille: “Hey, lassen Sie das gefälligst!” Sagte die junge Frau sehr bestimmt zu ihrem Gebnüber. Das Licht im Zug schaltet sich erst jetzt mit einiger Verzögerung und flackernd wieder ein. Der Mann, der bis zur Einfahrt in den Tunnel zu schlafen schien, sieht sie nun mit starrem Blick entsetzt an. “Aber...” wollte er zur Rechtfertigung ansetzen, als der junge Mann aufstand, die gebügelte Jeansjacke ablegte und den Mann am Kragen aus seinem Sitz hob. “Das hätte ich gerade von Ihnen nicht erwartet!” konterte er entschlossen. Seine anfängliche Schüchternheit schien verflogen. Da sein Hend kurze Ärmel hatte, kamen nun seine sehr muskulösen Unterarme zur Geltung. Er muss wohl intensiv Sport betreiben.

Die Bahn verlässt den Tunnel und Tageslicht flutet wieder durch das Fenster ins Innere. Der Beschuldigte konnte sich inzwischen auf dem Griff seines Gegenüber befreien, nimmt empört seine Aktentasche unter dem Sitz hervor und verlässt wutschnaubend das Abteil. Die übriggebliebenen Reisenden sind froh darüber und tauschen noch einige Worte der Entrüstung aus.

Die junge Frau durchlebt jetzt eine Mischung aus verschiedensten Gefühlen. Zum Einen verabscheut sie die unangemessene Berührung ihres Oberschenkels durch den Mitreisenden, zum Anderen hat das energische Einschreiten ihres Platznachbarn unerwartet sympathische Gefühle in ihr ausgelöst. “Vielen lieben Dank dafür! Das war gerade sehr mutig von Ihnen!” sagt sie leise zu ihm. “Ich bin übrigens Nora”. “Ach, Mut...” sagt er, “Ich bin nicht mutig! Aber sowas gehört sich einfach nicht! Sagen Sie, ach nein, sag ‘DU’ oder ‘Patrick’ zu mir!” Die kleine Episode brachte sie ungewollt etwas näher...

Unterdessen sind sie schon etliche Kilometer weiter gefahren ohne es zu merken und die Zeit verrennt wie im Fluge. Schon wieder kündigt der Zugführer vorn in seiner Lok mit einem langen Hupsignal die nächste Tunneldurchfahrt an. Es sollte der längste auf dieser Route sein. Und da ist auch schon sein Eingang. Rasch wird es wieder dunkel. Genau wie vorhin. Trotzdem Nora so gut wie nichts sehen kann, schließt sie unwillkürlich ihre Augen. Vielleicht in der Hoffnung auf eine weitere Berührung, nur diesmal einer gewollten und von wesentlich angenehmerer Art. Vielleicht würde Patrick ihre Hand nehmen oder sie sogar versuchen, vorsichtig zu küssen. Wenigstens auf die **Wange**...

Leider geschieht von alldem nichts. Kurz bevor sich die Beleuchtung wieder einschaltet, schreit die Dame neben Nora plötzlich mit heller Stimme auf: “Hallo, nun ist aber gut! Lassen Sie Ihre Hände doch bei sich! Also nein! Haben wir dem armen Mann vorhin etwa Unrecht getan?”

Im wieder aufgeflackerten Licht der Zugbeleuchtung schauen sich nun alle etwas ratlos an. Die Damen am Fenster sich gegenseitig, Nora abwechselnd zu den Damen und zu Patrick, aber sie kann nicht fassen, welcher Situation sie gerade Zeuge werden musste. Eben vertraute sie ihm noch und wünschte sich heimlich sogar erheblich mehr von ihm. Wie konnte sie so dumm sein, und auf so einen hereinfallen? Selbstvorwürfe quälen sie. Gemischt mit tiefer Abscheu. Sollte sie sich so getäuscht haben? In Gedanken sagt sie noch zu sich selbst: “Und ich Trottel gab ihm auch noch meine Handynummer. Wie blöd muss man denn sein...?" Kurz darauf verlässt sie das Abteil mit wutrotem Kopf, um die Fahrt in einem anderen Teil des Zuges fortzusetzen. Sie quält sich wieder mit ihren schwerren Koffern und der Reisetasche und lehnt nun auch Patricks Hilfsbereitschaft komplett ab. Er bekommt in diesem Moment kein einziges Wort heraus. Aber es wären vermutlich auch alle Rechtfertigungsversuche ins Leere gelaufen, hätte er ihr irgendetwas zu erklären versucht. Stattdessen bleibt er stumm auf seinem Platz sitzen und zieht wieder seinen Laptop hervor, um sich abzulenken. Und um Nora eine Mail zu schreiben. Vielleicht würde sie die ja später lesen, wenn sie zu Hause ist. Vorausgesetzt, sie ist neugierig genug, um sie nicht gleich ungelesen zu löschen. Er muss es einfach versuchen! Diese eine Chance will er unbedingt nutzen...

Als der nächste Tunnel wie inzwischen gewohnt ankündigt wird, beschließt er, dies mit einem Gang zur Bordtoilette zu verbinden. Auf gar keinen Fall will er in diesem Zugabteil einen weiteren Tunnel erleben!

Nun sind die beiden Damen unter sich. Es wird wieder dunkel. Plötzlich platzt aus beiden fast gleichzeitig und wie auf ein geheimes Kommando ein ausgiebiges Kichern heraus, das erst mit tränenden Augen und Gesichtsmuskelverspannung langsam ein Ende findet. Beide zwicken sich gegenseitig über den Knien in die Oberschenkel und verfallen augenblicklich wieder in ihr Gelächter. “Ich habe dir doch gesagt, Frida, das wird eine lustige Reise!” “Ja” erwiederte die andere, “ich freue ich schon auf die Rückfahrt! Mal sehen, mit wem wir dann unsere Scherze treiben können...”

## Zahnarzt – Teenager - Bentley

Es ist schon ein beklemmendes Gefühl, wenn man ins Wartezimmer eines **Zahnarztes** eintritt. Kommt man in einen anderen Wartebereich, zum Beispiel in der Kfz-Zulassungsstelle, reagiert man in aller Regel ganz anders. Hier beherrscht einen der Gedanke daran, wie lange es wohl dauern mag bis man an der Reihe ist, wenn gefühlt hundert Leute vor einem anstehen. „Das kann sich ja hier nur um Tage handeln", möchte die innere Stimme zu einem sagen. Ganz anders steuert uns genau das gleiche in uns befindliche Management, wenn wir eine Arztpraxis betreten. Und noch ganz anders, wenn es sich um einen Dentisten handelt. „Ein Glück, noch sechs Leute, die vor mir gequält werden!"

Der kleine Junge, der auf seinem Handy spielt, scheint gut gelaunt zu sein. Zumindest ist er hundertprozentig von dem abgelenkt, was ihn gleich erwartet. Er ist so auf sein Spiel konzentriert, dass er die anderen Wartenden kaum wahrnimmt und deshalb auch nicht unbedingt Rücksicht auf sie nimmt. Er untermalt sein Handy-Game mit den entsprechenden Geräuschen der scheinbar darin vorkommenden Rennwagen. So wird jeder Kurve seines imaginären Autos von ihm das dafür angemessene Reifenquietschen zugeordnet. Natürlich muss sich der Fahrer auch dem Kurvenradius und der Fahrgeschwindigkeit passend in die Kurve neigen. Nach dem Erreichen des Kurvenscheitelpunktes wird wieder ordentlich Gas gegeben, was selbstverständlich auch mit dem passenden Geräusch untermalt wird.

Ein Rentner liest in einer Tageszeitung. Wahrscheinlich ebenfalls zu seiner Ablenkung, aber auch aus Gewohnheit, weil er das um diese Tageszeit immer tut. Natürlich sonst an seinem Frühstückstisch, wo er dazu gemütlich einen Kaffee aus seiner Lieblingstasse trinkt. Beim Umblättern von hinten nach vorn erfüllt sekundenlang das Geknister des Papiers den kleinen Raum und übertönt das Autorennen. Den Mann scheint die bevorstehende Behandlung kaum aufzuregen. Er sieht sehr gelassen aus. Nur ein Artikel seiner Tageszeitung scheint ihm sichtlich die Stimmung zu verhageln. Jedenfalls quittieren seine Stirnfalten einen mittelschweren Fall von Empörung über das Gelesene.

Momentan ist noch jemand im Behandlungszimmer. Die daraus zu vernehmenden hochfrequenten Geräusche des Zahnarztwerkzeugs treiben der Frau gegenüber einen Schauer über ihren Nacken. Eine nun stark ausgeprägte Sorgenfalte, die sich mittig über ihrer Nase auf die Stirn zieht, hebt von dort aus ihre Augenbrauen mit an, woraus ein sehr ängstlicher Gesichtsausdruck entsteht. Was ihr bevorsteht, lässt sich nur erahnen. Aber sie scheint schlimmes zu erwarten.

Ein Schwarzafrikaner sitzt neben ihr. Ein wie es scheint Mittvierziger mit einem strahlend weißen Gebiss. Er tippt etwas in einen Handy-Chat. Die Antwort lässt ihn großflächig lächeln, wobei er achtzig Prozent seiner makellosen Zähne offenbart. So eine Mischung aus perfekter Zahnstellung und Superoptik ist wohl ein Segen, über den wohl die Wenigsten verfügen. Deshalb scheint auch ihm nicht bange vor dem Arzt zu sein. Bestimmt ein Routinebesuch, um dem Doktor ein schönes Tageserlebnis zu sponsern. Als behandelnder Arzt solch eine Kauleiste versorgen zu dürfen, muss wahrscheinlich damit vergleichbar sein, einem millionenteuren **Bentley** mit weißen Handschuhen die Zündkerzen zu tauschen…

Die junge Dame in Jeans, die durch einen gewollten Riss am Knie ein Stück Haut in Szene setzt, sitzt in der Ecke des Raums und bedenkt alle um sie herum, und bestimmt auch bis auf wenige Ausnahmen die ganze Welt, mit abschätzigen Blicken. Sie unterstreicht diese mit einer Mimik, die mit den eingezogenen Mundwinkeln einen Schmollmund formt, wie es so perfekt nur pubertierende **Teenager** können. Ihre Füße hat sie weit von sich gestreckt und die Unterschenkel übereinandergeschlagen. Sie ist auch nicht bereit, sie ein Stück zurück zu ziehen, als der Rentner aufgerufen wird und über ihre im Weg befindlichen Beine steigen muss. „Mann Opa, musst du ausgerechnet jetzt hier lang wackeln?“, lässt sich ihr Blick interpretieren, der durch provokantes oder nicht künstlerisch ausgereiftes Schminken verstärkt wird.

Nur noch fünf vor mir! Und der Dunkelhäutige Mann wird nun auch schon in ein anderes Zimmer aufgerufen. Bestimmt geht er in einen separaten Behandlungsraum, in dem die Prophylaxe-Leistungen durchgeführt werden. Noch vier!

Und schon kommt auch der Rentner wieder heraus und der circa Fünfundzwanzigjährige mit der dicken Backe wird aufgerufen. Er hält sich die ganze Zeit ein Taschentuch vor den Mund. Da er mit gesenktem Kopf auf seinem Stuhl saß, fiel es kaum auf, dass er deutliche Spuren von einem Faustkampf im Gesicht trägt. Hier hat der Zahnarzt wohl mehr zu tun, denke ich. Und es werden sich auch noch andere Ärzte um ihn kümmern müssen. Vielleicht muss bei ihm der eine oder andere Ersatz hergestellt werden. Schade, denn dafür ist er definitiv zu jung! Aber vielleicht hatte er seine Gründe für den Kampf. Er könnte seine Freundin verteidigt haben. Oder ist er Opfer einer heimtückischen Attacke geworden?

Ich werde es nicht erfahren, denke ich noch bei mir, als mich ein eiskaltes Gefühl überkommt. Der nächste Aufruf offenbart, dass es hier nicht immer genau der Reihe nach geht. Es scheint einen Unterschied zwischen bestellten und spontanen Patienten zu geben. Und die Wartenden unterteilen sich auch in ärztlich zu behandelnde und Prophylaxe-Patienten. Also ist mein gedachtes Sicherheitspolster von sechs Patienten vor mir auf einen Schlag passé.

Jetzt wird's ernst! Die Tür zum Sprechzimmer steht schon einladend weit offen und lässt einen Blick auf den so ungeliebten Behandlungsstuhl und den Bohrapparat zu, den ich ungewollt mit angstverzerrtem Gesicht registriere. Gut, dass ich nur die Begleitung meiner Nachbarin bin, weil sie wegen der zu verabreichenden Spritzen nicht Auto fahren soll…

## Pinsel – Kokon – Ungeziefer

Heute ist der „Müsste-ich-mal-Tag". Ich habe mir das schon ewig vorgenommen und bin nun endlich mal dabei, meinen Werkzeugschuppen aufzuräumen. Vieles hat sich über die Jahre hinweg angesammelt, was dringend nach etwas Ordnung verlangt. Und nun habe ich etwas freie Zeit, die ich dafür nutzen kann.

Mir fallen längst eingetrocknete Farbdosen in die Hände. **Pinsel**, die nicht ausgewaschen wurden. Angefangene Tüten mit Fliesenkleber. Natürlich über die Zeit ausgehärtet. Ich stoße auf vergessene Werkzeuge, die nach der Ausführung verschiedener Arbeiten einfach nicht wieder an ihren Platz geräumt wurden. Wer hat die nur hier liegengelassen...?

Eine Unmenge Schrauben und Material haben sich über lange Zeit angesammelt. Überall stehen Kartons herum. Teilweise schon jahrelang. Darunter Elektrozeug, Sanitärteile, Kupferrohre und gefühlt tausende Schachteln mit Schrauben und Dübeln. Alles was auf dem Boden steht, ist mit Mäusedreck gesäumt. Dominiert wird der kleine Raum jedoch von unzähligen Spinnengeweben. Kleine, große, aber vor allem alte und verstaubte.

An einer Stelle im Innenwinkel eines alten Pappkartons haben es die Spinnen ganz besonders gut gemeint. Hier haben sie ihr Netzwerk in einer solchen Dichte gesponnen, dass es für das menschliche Auge schier undurchdringlich scheint. Dies findet seinen Höhepunkt in einem knapp zwei Zentimeter großen kugelförmigen Gebilde, das man als eine Art **Kokon** ansehen könnte. Es muss sich hierbei wohl um den Nachwuchs der Spinnenmama handen.

Unweit davon sitzt sie auch schon. Bereit, ihre Brut vor Feinden zu beschützen, lauert sie in unmittelbarer Nähe zu diesem Nest. Wie ich später nachgeschlagen habe, handelt es sich bei ihr um ein großes Exemplar der Hauswinkelspinne. Sie hat sich scheinbar ausschließlich dieser Aufgabe gewidmet und verlässt ihren Wachposten nicht mal, um für sich Nahrung zu fangen. Die Natur hat es so eingerichtet, dass sie schon vor der Eiablage ihren Ehegatten erlegt und eingesponnen zu einer haltbaren Konserve verarbeitet. So dient er ihr als wichtiger Energielieferant und Proteinspender und sorgt auf diese Weise für die Erhaltung seiner Art. Irgendwie bin ich gerade froh, dass die Evolution für uns Menschen andere Pläne vorsieht...

Ich sollte über all das mein Aufräumen nicht aus den Augen verlieren. Ich muss wohl eine für die Achtbeiner schwerwiegende Entscheidung treffen und bringe bereits im Verlaufe des Gedanken die

Mündung des Staubsaugers in Position. Aber ich halte inne und schalte ihn wieder aus. Es kommt mir falsch vor und in mir regt sich eine Art Mitgefühl mit den Kreaturen. Sollte ich ihnen den Weg ins Leben verweigern? Ich bringe es nicht fertig. Es werden auch ohne mein Zutun genug Gefahren auf sie warten.

Behutsam nehme ich den alten Karton unter dem Regal vor. Natürlich nicht ohne das Familienoberhaupt in Panik zu versetzen. Sie weiß, dass sie meiner Übermacht nichts entgegen zu setzen hat und zieht den Rückzug vor. Vielleicht will sie aber auch meine Blicke auf sich ziehen und zu dessen Schutz vom Gelege ablenken. Sie würde sich für ihre Nachkommenschaft opfern!

Den Pappkarton nehme ich nun hervor und lege ihn draußen hinter dem Haus zwischen ein Gebüsch und die Holzwand des Kompostbehälters. Ich halte die Stelle für einigermaßen geschützt und trocken. Auch Schnee oder Regen wird dort nicht hin gelangen. Jetzt muss ich nur noch die große Spinne finden, einfangen und die Familie wieder zusammenbringen. Es gelingt mir schließlich, sie in die unmittelbare Nähe ihrer Eier zu setzen. Nach nur wenigen Augenblicken hat sie ihren Nachwuchs erkannt und wieder die bewachende Stellung eingenommen. Ob sie froh ist, bei ihren Kindern zu sein? Diese Frage kann bestimmt nur eine Mutter richtig beantworten. Die Bindung ist stärker als jedes andere Gefühl. Selbst bei solchen Gliederfüßlern.

Es wird Frühjahr. Der Schuppen ist lange aufgeräumt und die Bäume treiben ihre neuen Blätter ans Licht, um mit Hilfe der ersten Sonnenstrahlen ihre Photosynthese in Gang zu bringen.

Einen Monat später ist es auch schon wieder richtig warm. Als ich nach dem umgesiedelten Spinnenkokon schaue, geistern dort augenscheinlich hunderte Minispinnchen umher, die sich beim vorsichtigen Anpusten blitzartig zu einem blasgelben Ball vereinen. Man nennt sie auch Spiderlinge.

Schön, dass die Beheimatung außerhalb meines Werkzeugschuppens so erfolgreich war!

Als dann langsam die Mückenzeit heranbricht, sind die Spinnchen, die es bis hierhin geschafft haben, bestimmt erwachsen. Oder wenigstens halbstarke Jugendliche, die ihre eigenen Wege gehen. Sie schwärmen aus und bauen ihre Netze. Und immer, wenn ich an einem vorüberkomme, scheinen sie mir dankbar zuzuwinken.

"Hallo Mensch! Danke nochmal! Mach dir keine Sorgen wegen des **Ungeziefers**! Das halten wir dir gern vom Hals..."

## <u>**Eisbecher – Entschuldigung - Mut**</u>

Heute ist Sonntag. Genau der richtige Zeitpunkt, um sich mal so richtig was zu gönnen. Also was könnte ich tun, um meine Laune zu verbessern? Nicht dass ich schwermütig wäre, nein! Vielmehr suche ich nach dem ganz kleinen Kick, der diesem ohnehin schon schönen Tag das Krönchen aufzusetzen vermag. Und was kann dafür besser geeignet sein als eine schöne Tasse Milchkaffee und ein üppiger <u>**Eisbecher**</u>?!

Der Gedanke gefällt mir gut und ich lasse ihn langsam in meinem Kopf reifen. Da hat doch vor einer Weile nicht weit von hier dieses neue romantische Eiscafé eröffnet. Die Leute schwärmen davon und ich hatte mir seit seiner Eröffnung bereits vorgenommen, dort mal vorbeizuschauen. Also nichts wie rauf aufs Fahrrad und hingeradelt.

Die Eiskarte liest sich wie ein Ausflug in eine wunderbare exotische Welt und ich bekomme dadurch eine Mischung aus noch mehr Appetit und Fernweh. Da werden Südseeträume mit Schokofantasien zu einem Eiswunder vermischt.

So suche ich mir schließlich einen Eisbecher aus und bestelle gleich anschließend. Einen Moment später kommt die Kellnerin auch schon mit einem riesengroßen Cocktailglas, aus dem ein noch riesigerer Hut aus Sahne herausragt, der mit einer kleinen herzförmigen Waffel gespickt ist. Erwartungsvoll beobachte ich gespannt jede ihrer Bewegungen als sie ihn auf den Tisch vor mir hinstellt. Umso größer ist dann auch meine Verwunderung, denn dieser Becher ist scheinbar die Bestellung eines anderen Gastes. Ich hatte jedenfalls einen ganz anderen Eistraum geordert. „Oh“, sagt sie. „Ich werde das mal prüfen.“ Mit diesen Worten entschwindet sie wieder und mit ihr der riesige schöne Eiscocktail.

Es verging nur eine sehr kurze Zeit, dann erscheint sie schon wieder mit scheinbar dem richtigen Becher. Ich nehme den langen Löffel vom Untersatz und stelle mir den ersten perfekten Löffel zusammen. Etwas Sahne, ein wenig vom darunter verborgenen Schokoeis und ein paar Nusssplitter sollen es sein. Garniert mit ein wenig vom Schokotopping, das sich langsam dickflüssig über die Sahne ergießt. Mir laufen schon alle Säfte im Mund zusammen. Doch was ist das? Die Nussstückchen schmecken nach Haselnuss. Hatte ich mich so verlesen? Sollten das hier nicht Walnusssplitter sein? Abermals spreche ich die nette Kellnerin an. Eine leichte flüchtige Röte rennt über ihr Gesicht, als sie den Cocktail, von dem ich ja nun schon genascht habe, wieder mitnimmt.

Ein bisschen wortkarger als zuvor bringt sie mir einen neuen Eisbecher. Diesmal, so beteuert sie, sollte er genau so sein, wie ich ihn bestellt habe. Sie bedauert auch, dass es sich dummerweise um ein Versehen handelt und dass so etwas normalerweise nie passiert. Ich solle nicht böse sein. Den dazu bestellten Kaffee soll ich dafür kostenlos bekommen und als **Entschuldigung** annehmen. Sie ist der Meinung, wenn ich nun überall herum erzählte, wie blöd man sich hier anstellt einen simplen Eisbecher nach eigener Rezeptur zusammenzustellen, dann machte sie sich zum Gespött und niemand würde bald hier noch zum Eis essen herkommen…

Natürlich sehe ich ihr den kleinen Fauxpas nach und nehme ihr Angebot mit dem Gratiskaffee gern an. Warum soll ich ihr böse sein? Das kann doch wirklich jedem mal passieren, oder? Wer ist schon fehlerfrei? Und schließlich bin ich ja nicht der einzige Gast hier im Laden! Also darf man auch mal was vertauschen. Das ist alles nur menschlich.

Dass es sich in der letzten Version der Leckerei nicht um die gewünschten Eiskugeln Schoko, Kokos und Stracciatella handelt, sondern um dreimal Schokoeis, mahne ich nun nicht mehr an und genieße lieber die Erfrischung wie sie nun eben mal ist. Ich hätte ihr nicht noch einmal mit einer Reklamation unter die Augen treten können.

Schließlich fasse ich mir doch ein Herz und nehme meinen gesamten **Mut** zusammen. „Sollte das jetzt so sein, dass ich drei gleiche Eiskugeln im Becher habe oder sind die richtigen Sorten inzwischen ausverkauft?“ frage ich sie schließlich. „Ich möchte aber nicht unverschämt wirken und deshalb auch keinen neuen Eisbecher fordern, nachdem ich ihn sowieso schon über die Hälfte aufgegessen habe.“

Der nun deutlich erhöhte Puls ist ihr jetzt unüberspielbar anzumerken. Ich weiß gar nicht, ob sie selbst die Eisbecher bestückt oder ihre Kollegin hinter der Theke. Aber es ist am Ende auch egal, wer für den Fehler verantwortlich ist. Offensichtlich hat sie aber von dieser unglücklichen Verkettung ungünstiger Umstände die Nase gestrichen voll und sucht nur noch händeringend nach einem glimpflichen Ausweg aus der Geschichte. Sie rettet die Situation, indem sie mir nun das komplette bestellte Menü gratis verspricht. Nicht nur den schon zuvor angebotenen Kaffee, sondern auch das Eis.

Ich nehme diese aufgestockte Offerte gern an, auch wenn es mir etwas peinlich ist. Aber ich grüble ja auch schon seit dem zweiten Eiscocktail, wie ich es ihr sage. Ich habe meine Brieftasche zu Hause vergessen und dadurch gar kein Geld dabei…

## Bäcker – Distanz – Glaubwürdigkeit

Ich habe beschlossen, mich mal ganz allein im Restaurant zu verwöhnen zu lassen. Eine schöne Tasse Kaffee und einen vom **Bäcker** perfekt hergestellten Kuchen dazu. Das verspricht, ein schöner Tag zu werden!

Zu diesem Zweck setze ich mich manchmal in eine Backstube und nehme mir mein kleines Notebook mit, um die eingefangenen Inspirationen zu fixieren. Hier kann ich andere Leute beobachten wie sie sich verhalten, was sie bestellen, welche Kleidung sie tragen und ich kann ihrer Konversation vielleicht auch Redewendungen ablauschen. Zum Lästern über fremde Menschen fehlt mir einfach die zweite Person, mit der ich mich austauschen kann. Sonst wäre vielleicht auch das ein schönes Thema...

Zur Zeit befinden sich recht wenige Gäste im Café. Nichtmal ein Fünftel der Tische ist besetzt. Ein Rentnerpaar sitzt am Tisch in der Fensterecke. Sie kennen sich scheinbar so lange, dass sie mit nur sehr wenigen Worten, dafür aber umso mehr Gesten in ihrer Unterhaltung auskommen. Eine hochgezogene Augenbraue und gleichzeitig diese Schnutenbildung über die Mundwinkel kann so viel mehr ausdrücken als viele Worte. An einem anderen Tisch sitzt ein Bauarbeiter, der in aller

Eile eine Bockwurst verschlingt. Bestimmt hat er nur wenige Minuten Zeit, oder vielleicht noch nicht mal die. Gedankenversunken tippt ein Mädchen einen Text in ihr Handy. Dies tut sie in einer kaum nachvollziehbaren Geschwindigkeit mit beiden Daumen. Mir scheint, schneller als ich sprechen könnte. Ihre Latte Macchiato hat sie scheinbar währenddessen fast vergessen. Schwänzt sie das Gymnasium und streitet sich stattdessen mit ihrem Freund über WhatsApp?

Am Tisch genau neben mir nimmt ein junges Pärchen Platz. Mitte zwanzig. Sie bestellen sich nur Kaffee, sonst vorerst nichts. Sie stellen ihre Laptops jeweils so vor sich auf, dass jeder nur seinen eigenen Bildschirm sieht. Haben sie vielleicht auch vor, etwas von der Atmosphäre einzufangen und in die Tastatur zu hämmern?

Schnell wird aus der ruhigen Unterhaltung der beiden eine etwas lautere Auseinandersetzung. Sie zicken sich regelrecht an. Vorwürfe und deren Widerworte werden getauscht. Dazwischen werden Redepausen eingestreut, die einen Moment lang für Stille am Nachbartisch sorgen. Was bis hierher gesprochen wurde, kann ich nicht wörtlich wiedergeben. Nur dass es sich um einen Streit handeln muss, lässt sich der Stimmlagen und der Intensität der Unterhaltung entnehmen. Da fliegen Wortfetzen hin und her wie: "Du hast doch damit angefangen!", was wiederum mit einem "Du wolltest es ja wohl genau so!" gekontert wird. "Dir soll ich noch vertrauen?" fange ich auf. "Mach doch, was du willst!" erwidert sie.

Sie steigern sich allmälich. "Ausgerechnet mit dem!" schreit er sie nun an. "Wer wäre dir denn lieber?" schießt sie zurück. So geht das eine Zeit lang weiter, bis die Auseinandersetzung sich in leichte Handgreiflichkeiten steigert. Er schlägt lautstark mit der Hand auf den Tisch, sodass die Kaffeetassen und die Löffel auf den Untertassen klappern. "Ich lasse mir das von dir nicht länger bieten! Was denkst du, wer du bist?" "Was denn, gehöre ich dir etwa inzwischen?" schreit sie ihm weinend entgegen. Er packt sie an den Armen und schüttelt sie aufgeregt. "Das hätte ich nicht von dir gedacht!" - "Lass mich los, du Idiot!"

Mir wird es zunehmend peinlich, alles aus kurzer **Distanz** miterleben zu müssen. Die Streitigkeiten steigern sich immer weiter und ich ziehe in Erwägung, zu zahlen und die Backstube früher als geplant zu verlassen. Doch die Bedienung ist momentan nicht in der Nähe, um bei ihr die Rechnung zu ordern.

Nach einer kurzen Ruhepause gehts nebenan weiter. Da sich inzwischen meine Ohren ungewollt gespitzt haben, verstehe ich mitlerweile jedes einzelne gesprochene Wort. Ich will das gar nicht, aber wie beim selektiven Hören blende ich die restlichen Geräusche im Café regelrecht aus. Meine Anwesenheit in direkter Nähe der beiden Streitparteien bereitet mir immer mehr Unwohlsein.

Als sich die beiden nun auch wieder heftig in ihre körperliche Auseinandersetzung vertiefen, reift bei mir der kaum noch zu unterdrückende Gedanke, ich müsste die beiden auseinanderbringen und wenigstens ihn daran erinnern, sich auf Verbalitäten zu beschränken. Ich glaube, das nennt man auch Zivilcourage. Wie lange kann ich es noch passiv mitansehen, wie er mit körperlicher Gewalt auf sie losgeht? Ganz egal, wer der beiden nun Recht hat. Das kann ich als ungewollter Zaungast sowieso nicht beurteilen.

Als er sich nun erneut relativ gewaltsam über sie hermacht, kann ich nicht länger auf meinem Platz sitzenbleiben und wende mich im Aufstehen den beiden zu. "Also, ich höre und sehe hier seit einigen Minuten Ihrem Streit zu. Nicht nur, dass alle Anwesenden die Lautstärke stört, nein, ich werde nicht länger zulassen, dass Sie sie gewaltsam anfassen und ihr hier Prügel androhen! Lassen Sie das augenblicklich! Mir gehört hier zwar nicht das Café, aber ich würde Sie trotzdem höflich bitten zu gehen! Die Rechnung für Ihren Kaffee geht auf mich."

Der Blick beider ist unbezahlbar! Sie starren mich regelrecht an und suchen einige Sekunden, die mir wie eine Ewigkeit vorkamen, um Worte. Würde er jetzt auf mich losgehen? Ich schätze, er ist mir körperlich haushoch überlegen. Habe ich jetzt meine Gesundheit riskiert?

Ihr fassungsloser Blick heitert sich plötzlich auf. Sie lächeln sich jetzt wieder verschmitzt zu. Es scheint, dass sie sich wieder einig sind. Oder machen sie sich nun über mich lustig? Bin ich jetzt das Gespött der Backstube? Totenstille!

“Bitte entschuldigen Sie! Wir wollten Sie nicht stören!” sagt sie zögerlich und mit verschmiertem Makeup. Er ergänzt schnell: “Tut uns leid, wenn wir jemanden gestört haben!”

“Aber finden Sie es richtig, wie Sie Ihre Freundin an den Armen packten? Sie sind doch viel kräftiger als sie! Und ich denke, sowas tut man einfach nicht! Sie sollten sich also wenigstens bei ihr entschuldigen und nicht bei mir” werfe ich ihm entgegen.

Beide schauen mich an. Eine Mischung von Erschrockenheit und Belustigung ist in ihrem Blick. “Es ist nicht so, wie es aussieht!” versucht er zu beschwichtigen.

“So?” frage ich, “Wonach sollte es denn aussehen?”

“Wie gesagt, es tut uns leid! Wir sind Studenten an der Schauspielschule. Wir proben unsere Rollen. Wir haben die Aufgabe bekommen, dies an einem öffentlichem Ort zu tun, um uns vom Publikum auf **Glaubwürdigkeit** prüfen zu lassen. Haben wir bestanden?” klärt er nun in deutlich sympathischerer Weise auf. “Vielen Dank für Ihr Engagement!” ergänzt sie.

Wir bestellen also einen weiteren Kaffee und unterhalten uns noch ein wenig, während sich meine Stimmung wieder beruhigt...

## Strand - Krümel – Griffel

Ich komme aus dem Wasser und versuche durch den losen Sand zu meinem Liegestuhl zu laufen. Aber er scheint regelrecht „nachzuwachsen“ und behindert mein Fortkommen erheblich. Es muss doch irgendwie gelingen, diesen blöden Strand zu überwinden! Am besten ich gehe zurück ins Wasser und spüle den vielen Sand ab. Aber als ich wieder den Rückweg antrete, wiederholt sich die Szenerie. Ich lasse einfach Sand Sand sein und kämpfe mich gegen seinen Widerstand zu meinem Platz. Doch der Sand scheint mich zu verfolgen. Ist das nicht verrückt? Mein halber Liegestuhl ist bereits von ihm verschlungen.

Ich gebe den Kampf auf und beschließe mir an der Strandbar ein Getränk zu spendieren. Vielleicht ein schönes kaltes Bier oder einen leckeren Cocktail. Darauf freue ich mich und steuere das bastbeschirmte Areal an, wo die Tische wie ein großes O aufgestellt sind und in dessen Mitte jemand die anderen Gäste bedient. Natürlich versucht der Sand erneut, mich davon abzuhalten. Was soll das? Hat es dieser elende Dreck auf mich abgesehen? Ich stapfe unter Einsatz aller Kräfte wie durch Klebstoff durch den losen Staub und komme doch schließlich an. Endlich! Das war wirklich anstrengend! Aber der Barkeeper soll mich belohnen!

Ich setze mich auf einen der freien Barhocker und versuche, der Bedienung klarzumachen, was ich ordern möchte. Die Musik aus der Konserve gibt jedoch alles, jedes einzelne Wort stumm erscheinen zu lassen. Der Kellner steht mit gespitzten Ohren da und wartet gespannt darauf, dass meine Bestellung zu ihm durchdringt. Es hat aber auch nicht die geringste Absicht, mir das Bestellen leichter zu machen, was er durch ein kleines Zurückdrehen des Lautstärkereglers leicht bewerkstelligen könnte. Nein, er fordert mich mit Oberlehrerblick heraus, noch lauter zu krächzen.

Mein Hocker, der normalerweise einer dieser hohen Barhocker ist, scheint inzwischen im Sand zu versinken und ist nun so flach, dass ich geradeso mit der Nase an die Tischkante der Bar reiche. Dadurch kann ich gut wahrnehmen, dass mein Drink extrem nach Kaffee riecht. Wieso eigentlich? Hatte ich nicht einen Piña Colada bestellt? Er sieht genau so aus, aber wo kommt der Geruch her?

Was ist mit den Keksen los, die mir der Barmann hinstellte? Die krümeln alles voll. Und das noch bevor ich sie überhaupt angefasst habe! Tausend Hände scheinen nach diesem Gebäck zu greifen! Alle gleichzeitig. Übrig bleiben nur die unendlich vielen **Krümel** auf dem Tisch, die mich an der Nase kitzeln. Ich frage mich ernsthaft, was hier passiert. Warum sind aber auch wirklich alle Umstände gegen mich? Kann ich hier nicht einfach einen tiefenentspannten Tag verleben?

Meine Sitzgelegenheit wird immer unbequemer. Ich halte mich aber wacker darauf und ignoriere den Sand, die Krümel an meiner Nase und den Oberlehrer an der Bar. Das übrigens scheint auch er inzwischen mit Vergnügen zu tun. Jedenfalls spricht er immer lauter in die Runde, ohne mich in irgendeiner Form zu registrieren. Mein Cocktail ist schon lange umgekippt, die Krümel schwimmen darin und alle Anwesenden scheinen das für absolut normal zu halten. Niemand wischt etwas weg oder bringt neue Kekse.

Ich habe es in einer nicht sonderlich bequemen Haltung geschafft, meinen Kopf auf die Bar zu legen. Meine Unterarme dienen ihm als Ruheablage. Kaum, dass mal ein ganz wenig Ruhe einkehrt, stupst mich jemand an. Er oder sie zerrt an meinem Arm, wogegen ich mich natürlich mit einer Bewegung zur Wehr setze. Ich bemühe mich, dem- oder derjenigen etwas Unfreundliches zu sagen, aber nach wie vor dringt meine Stimme nicht durch die Lautstärke. Die Musik, die Leute um mich herum und der Barkeeper sind einfach dominanter.

Diese Krümel krabbeln noch immer in meiner Nase und der Rest vom nach Kaffee riechenden Getränk befindet sich in meinem halboffenen Mund, was mir das Artikulieren nicht unbedingt erleichtert. Ich versuche ständig irgendetwas zu sagen, verstehe aber selbst nicht, was ich zum Ausdruck bringen möchte. Es kommt nur unverständliches Gemurmel aus mir heraus.

Immer wieder zupft neuerdings jemand an mir herum. Das nervt mich extrem! Wer immer mich hier stören will, wird mit der Zeit immer energischer! Da mir die Umgebungsgeräusche so tierisch laut erscheinen, nehme ich alle Kraft zusammen und versuche diese hartnäckige Person anzuschreien. Heraus kommt ein zu leises „Laaasssss daaasssss!" gefolgt von einem etwas lauteren „Laaassss mich in Ruuu-heee!"

Ich brülle sie oder ihn schließlich an: „Nimm deine blöden Pfoten von mir!"

Erstaunlicherweise ist nun ein doch recht deutlicher Satz in bemerkenswerter Lautstärke und Intensität meinem Mund entkommen, worüber ich sogar selbst erschrocken bin. „Verschwinde! Und nimm deine **Griffel** weg! Und einen neuen Cocktail will ich! Und neue Kekse!"

Als ich den Kopf hochnehme und die Beteiligten anschaue, sehe ich in eine Menge erstaunter Gesichter. Alle starren mich nun an. Einige belustigt, andere eher entsetzt. Vor mir auf dem Tisch schwimmen immer noch Kekskrümel. Nur jetzt in verschüttetem Kaffee. Die Tasse liegt auf die Seite gefallen daneben.

Der Barkeeper brüllt beleidigt zurück. Oder was macht der Mann da? Der sieht irgendwie gar nicht mehr wie ein Barmixer aus! „Ihnen scheint ja extrem langweilig zu sein! Oder bewerten Sie so meinen Vortrag? Wenn Sie schon hier in meinem Seminar einschlafen, dann bitte wenigstens, ohne dabei zu schnarchen!"

## Braten - Dienstausweis – Kontostand

Wir verleben die Weihnachtsfeiertage gemütlich beim Festessen mit leiser Musik und der Familie. Das Zimmer duftet nach leckerem **Braten** und im Radio läuft ruhige Weihnachtsmusik. Kerzen schimmern goldig und untermalen die Stimmung.

Plötzlich durchdringt ein Türklingeln die gemütliche familiäre Runde. Wer mag das denn jetzt sein? Ein Nachbar, der vielleicht einen Schokoweihnachtsmann bringt? Oder Freunde, die uns gern spontan besuchen, was wir immer willkommen heißen?

Vor der Tür stehen eine Frau und ein Mann, beide um die vierzig Jahre alt, in Winterkleidung und uns völlig fremd. Sind das vielleicht Wachturm-Hausierer der "Zeugen Jehovas"? Oder Versicherungsvertreter? Vielleicht auch Haustürverkäufer oder irgendwelche anderen Scharlatane? Aber am Weihnachtsfeiertag? Das erscheint mir doch eher unwahrscheinlich.

"Guten Tag und ein frohes und gesundes Weihnachtsfest wünschen wir!" beginnen sie ihre Ansprache. "Wir haben gute Nachrichten für Sie! Dürfen wir einen Moment hereinkommen?"

Mir sträubt sich das gesamte Fell. "Nein, das ist jetzt eher ungünstig! Wir sitzen in Familie am Tisch und sind beim Essen!" Worum gehts denn genau? Können wir das vielleicht zu einem anderen Zeitpunkt besprechen?"

Sie setzen zur Erwiderung an und es klingt irgendwie einstudiert: "Wir wollten Ihnen Ihren Gewinn überreichen! Sie haben bei ...äh... unserem Gewinnspiel eine größere ...äh... Geldsumme gewonnen!"

Hab ich ähnliches nicht schon gehört? Fangen so nicht fast alle Geschichten an, die dann in irgendeiner Abzocke enden? Nicht mit mir, beschloss ich innerlich und antwortete ihnen: "Das kann ja jeder behaupten! Von welcher Firma kommen Sie, sagten Sie?"

Sie stotterten ein wenig weiter. Jedenfalls fanden sie nicht gleich die richtige Rede und fielen sich gegenseitig ins Wort. "Wir kommen vom ...äh..." "Ja, wie mein Kollege schon andeuten wollte sind wir, ja sozusagen..." "Wir wollen Ihnen doch ...äh... nur Ihren Gewinn übergeben." "Ja, wir sind froh, Sie, ja, anzutreffen und haben hier wirklich etwas richtig großartiges für Sie!"

Meine Stimmung verschiebt sich nun langsam vom feierlichen in den genervten Aggregatzustand. "Also, wenn Sie mir nicht so recht sagen können, was Sie eigentlich wollen oder was Sie zu verkaufen haben, wünsche ich Ihnen noch einen wunderschönen Feiertag!", woraufhin ich die Haustür vor ihnen schließe.

Ich habe mich noch keine fünf Schritte vom Eingang wegbewegt, als es erneut klingelt. Auch meine schon etwas angekratzte Laune registriert das wiederholte Läuten und macht einen deutlichen Schritt in Richtung angesäuert.

“Jetzt ist es aber genug!” begrüße ich die beiden nun schroff, die mit fassungsloser Miene vor mir stehen. Die Zwischenzeit reichte gerade so aus, ihre **Dienstausweise** aus den Jackentaschen zu ziehen. Diese halten sie mir beim Öffnen bereits entgegen. Ich studiere sie ein paar Sekunden lang und fotografiere sie schießich mit dem Handy. Man kann ja nie wissen! Mit etwas Fantasie fertige ich mir auch so einen Ausweis am PC an. Für mehr Glaubwürdigkeit noch einen unleserlichen Stempel und eine Unterschrift draufsetzen, die von Schulze über Müller bis Mustermann alles heißen könnte. Zum Schluss noch schön sauber laminieren, und fertig ist der Selfmade-Dienstausweis!

“Also jetzt noch mal. Wir kommen von der Gewinnspielagentur, die Sie auf den Ausweisen sehen können und sind von Ihrer kontoführenden Bank beauftragt worden, Ihnen einen Geldgewinn in Form eines Wertschecks zu überreichen. Normalerweise bringen wir dazu auch einen Fotografen mit. Der jedoch konnte wegen des Feiertags nicht mitkommen. An den vergangenen drei Terminen waren wir vollständig, hatten Sie jedoch nicht angetroffen. Deshalb muss heute zur Dokumentation die Handykamera ausreichen. Aber die machen ja heutzutage auch respektable Fotos und Filmaufnahmen.” führt er fort. Die Frau, die ihn begleitet, zieht währenddessen einen überdimensionalen Euro-Scheck aus einem grauen Pappumschlag. “Also doch Vertreter” denke ich bei mir. Doch dann sehe ich schon in der fließenden Bewegung, dass die führende Eins von sehr, sehr vielen Nullen gefolgt wird. ‘Zehntausend Euro’ steht vielleicht auf dem Scheck...? Ich kann es nicht genau sehen. Jetzt erwischen sie mich eiskalt! Ich verliere meinen Redefaden. Eben wollte ich die beiden in die Wüste schicken um dort ihre Staubsauger an die Leute zu bringen. Staub gibts da ja genug...

“Sie haben” beginnt er seinen Satz mit feierlicher Stimme während sie filmt, “Einhunderttausend Euro gewonnen! Wir beglückwünschen Sie als Gewinner im Namen Ihrer Bank!”

Ich glaube den beiden inzwischen ihre ehrlichen Absichten. Nun ist, wie ich denke, doch der Moment gekommen, sie herein zu bitten. Sie halten mir nun auch einen Blumenstrauß hin. Keine Ahnung, wo sie den bisher vor meinem Blick versteckten.

Am Tisch muss ich dann neben ein paar anderen Formalitäten einige Unterlagen unterschreiben. Um nicht doch noch ein 'Vertragsopfer' zu werden, lese ich mir alles recht genau durch, was einige Minuten in Anspruch nimmt. Unter anderem ist eine Klausel gegenzuzeichnen, dass der Rechtsweg in beide Richtungen ausgeschlossen ist. Das bedeutet soviel wie, ich kann den Gewinn nicht rechtlich einfordern, aber die andere Seite auch nicht zurückholen. Es besteht praktisch kein Reklamationsrecht!

Wir bedanken uns in aller Form und ich entschuldige mich für die unsanfte Begrüßung, wofür sie lachend Verständnis aufbringen. Scheinbar erleben sie derartige Ausfälle öfter. Als die Überbringer mit dem Film im Kasten und den Dokumenten in der Tasche unser Haus nach ein oder zwei Tassen Kaffee verlassen, setzen wir unseren Nachmittag mit dem Braten fort. Dass dieser einiges von seiner Wohlschmecktemperatur inzwischen eingebüßt hat, verkraften wir angesichts des Schecks, für den das Pärchen sogar einen extra gestalteten Ständer beisteuerte. Etwas betreten und noch immer fassungslos essen wir ohne viele Worte weiter. Nur die Gedanken kreisen nun um ein ganz anderes Zentrum...

Kann denn das Ganze wahr sein? Haben wir denn tatsächlich eine so beachtliche Geldsumme gewonnen? Es muss doch einen Haken an der Sache geben! Alle gemeinsam diskutieren wir nun über die Möglichkeiten, wie man uns hinters Licht geführt haben könnte. Keiner von uns kann das glauben! Nie im Leben gibt es das! Nein, die haben uns eingelullt und uns bei der Gier getroffen. Meistens erweist sich genau dieser menschliche Zug als Achillesferse bei solchen Machenschaften. Vielleicht haben sie unbemerkt etwas aus dem Wohnraum mitgehen lassen? Aber niemand findet hierfür einen sichtbaren Hinweis.

Nach den Feiertagen versuche ich den Scheck bei der Bank einzulösen und die Gewinnsumme meinem Konto gutschreiben zu lassen. Das geschieht unerwartet problemlos. Auch die Frau am Bankschalter hat leuchtende Augen und gratuliert mir. Ich kann‘s nicht fassen! Am Folgetag ist der Betrag auf der Haben-Seite im **Kontostand** ausgewiesen und die Salden sind angepasst. Allmählich beginne ich auch das Ganze zu glauben und mein erschüttertes Vertrauen in die Welt regeneriert langsam wieder. Mir wird nach und nach bewusst, dass wir plötzlich finanziell besser gestellt sind und uns manche Sorgen, die uns bisher begleiten, nicht mehr machen müssen. Aber all das sind Gedanken, die erst reifen müssen! Werden wir in die Haussanierung investieren? Oder einen Teil der Summe unseren Enkelkindern schenken? Werden wir vielleicht ein paar „wahre Freunde“ dazugewinnen…? Das sind viele unausgereifte Gedanken.

Eine übergroße Überraschung bleibt an der Sache aber haften. Wie kann es sein, dass wir den Gewinn verbuchen können, ohne je am Bank-Gewinnspiel teilgenommen zu haben…?

## Vollmond – Trüffel – Planet

Es ist relativ dunkel. Aber wiederum nicht so schwarz, wie man es nachts im Wald vermuten könnte, denn der **Vollmond** wirft sein fahlweißes Licht auf die Bäume und Sträucher. Alles was sonst saftig grün erscheint, sieht nun aus wie unter einem silbrigen Schleier. Noch gespenstischer wirkt die Umgebung durch die Stille, die nur durch entferntes Knacken im Unterholz und die grellen Rufe eines Käuzchens unterbrochen wird. Der Wind streift leise durch die Baumkronen und lässt sie sachte wiegen.

Ich befinde mich auf einem Hochsitz an einer Waldlichtung. Zur linken Seite breitet sich eine kleine Waldwiese aus. Üppige wilde Gräser bewegen sich hin und her im leichten Wind und ziehen ständig meine angespannte Aufmerksamkeit auf sich. Es könnten ja Tiere darin umherstreifen. Rechts und hinter meinem Rücken zieht sich der Mischwald hin. Es riecht ein wenig nach Pilzen, aber vermischt mit einem angenehm aromatischen Harzaroma. Oder suggerieren mir nur die wahrgenommenen Bilder dieses Geruchserlebnis?

Auf einer Art Ablagebrett, das die Unterseite meines Fensterausschnittes bildet, liegt meine doppelläufige mit Schrot geladene Flinte. Das

Zielfernrohr ist justiert. Der Abzug ist jedoch noch gesichert, um Unfälle zu vermeiden.

Es herrscht gute Sicht. Zwei Uhr in der Nacht und der helle Mondschein ist sehr hilfreich. Keine Nebelschwaden wie sie manchmal in dieser Gegend vorkommen. Soweit es das Licht zulässt, kann ich etwa dreihundert Meter weit sehen. Alles in allem sehr gute Verhältnisse!

Es ist auch gar nicht kalt. Den leisen Wind spüre ich kaum. Und dieser manchmal einfallende Nachttau bleibt auch aus, wofür ich sehr dankbar bin. Dafür ist es recht langweilig. Nichts passiert. Außer einiger Käuzchen habe ich kaum ein Tier gesichtet. Dabei könnten doch bei diesem Idealwetter einige nachtaktive Waldtiere zugange sein. Eulen, Marder, Waschbären, Rehe, Wildschweine oder Füchse. Nichts. Nicht dass ich Eulen schießen wollte! Nein! Aber sie zu sehen wäre doch schön und brächte mir etwas Abwechslung.

Plötzlich wird das Knacksen, das ja im Wald oft zu vernehmen ist, viel lauter. Eine laut grunzende Unterhaltung mischt sich darunter. Es wird eine Rotte Wildschweine sein, die auf Nahrungssuche durch den Wald streift. Die Tiere suchen nach allem, was ihnen fressbar und nahrhaft erscheint, auch wenn es dazu erstmal ausgegraben werden muss. Ihr fein ausgeprägter Geruchssinn führt sie buchstäblich an der Nase herum. Sowie sie im

Boden etwas Interessantes wittern, pflügen sie diesen mit ihren Rüsseln und ihren kräftigen Hauern, wie man die herausstehenden Eckzähne dieser Tiere nennt, entschlossen um. In einem halben Meter Tiefe verborgene Leckerbissen werden problemlos an die Oberfläche und sofort danach in den Schweinemagen befördert. Wegen dieses hervorragend ausgeprägten Geruchssinnes werden Wildschweine auch zur professionellen Suche von **Trüffeln** ausgebildet. Nur das Auffressen sollte verhindert werden. Das ist das schwierigste daran! Schade für die Tiere, gut für die Liebhaber dieser seltenen und teuren Pilzdelikatesse.

Die Richtung, in der sich die Gruppe Schweine aufhält, ist deutlich auszumachen. Nur sehen lassen sie sich nicht. Ich muss mich nun sehr leise verhalten, damit sie mich nicht bemerken. Hilfreich ist hierbei auch, dass die leichte Nachtbrise aus der gleichen Richtung kommt wie das zu vernehmende Geräusch. Ich erläuterte ja schon, wie gut ihre Nasen funktionieren. Weder sollten sie mich wittern, noch sollten sie versuchen, meinen Hochsitz auszugraben. Wenngleich sie im Allgemeinen recht menschenscheu sind, so entschlossen verteidigen sie doch ihre Frischlinge, wenn sie eine Gefahr für sie vermuten. Aus den gegebenen Gründen behalte ich also den gebotenen Respekt!

Nach längerer Zeit treten nun die ersten Tiere der Rotte auf die Lichtung hinaus. Ich kann ihre Umrisse in einer Entfernung von circa hundert Metern deutlich im Mondlicht sehen. Ein großes erwachsenes Tier voran. Wahrscheinlich ein ausgewachsener Keiler. Ich beobachte die Lage vorerst durch das Objektiv des Zielfernrohrs. Da dieses auch gleichzeitig nicht nur das Objekt näher erscheinen lässt, sondern auch eine Restlicht-Verstärker-Funktion hat, kann ich so mehr als nur die Umrisse erkennen. Es ist tatsächlich der männliche Chef der Truppe. Wenigstens zehn Zentimeter ragen seine mächtigen Hauer seitlich aus dem Maul. Den erschreckt nichts und niemand. Absolut nichts hält ihn von seinem Vorhaben ab! Ihm folgen vorsichtig einige halbwüchsige Tiere. Dann eine Handvoll ganz junger Frischlinge. In seinem Schutz veranstalten sie ein recht unbekümmertes Treiben. Sie tollen teilweise ausgelassen herum, andere tun es ihrem vermeintlichen Vater gleich und durchwühlen den Boden. Jedoch noch ohne die Hilfe der großen Eckzähne. Es erscheinen nun immer mehr Wildschweine auf der Waldwiese. Darunter alle Altersgruppen beider Geschlechter. Insgesamt vermute ich noch vor dem Durchzählen, dass es die Rotte auf vielleicht dreißig Tiere bringt.

Ich beobachte eine Zeitlang dieses harmonische Familienspiel. Alle sind ausgelassen und unbesorgt. Der drohenden Gefahr ist sich keines der Wildtiere bewusst. An dieser Stelle schaltet sich mein Gewissen dazu. Kann ich es wirklich tun? Soll ich tatsächlich dieses Naturschauspiel zerstören? Friedvoll vertrauen die Kleinen auf den Schutz und die Fürsorge ihrer Eltern. Genau so würden wir Menschen das tun und als kleine Kinder verließen wir uns auch auf die Geborgenheit bei den Eltern. Hätte uns damals jemand ein Elternteil genommen, wären wir wenigstens um die Hälfte weniger behütet aufgewachsen. Abgesehen von Trauer und Leid, was das über uns gebracht hätte. Natürlich richten die wildlebenden Tiere des Waldes erhebliche Schäden an, wenngleich die Betrachtung natürlich nur einseitig ist. Aus Sicht der Flora und Fauna sind die vom Menschen verursachten Schäden unermesslich! Wir sind in dieser Hinsicht doch einfach die respektloseste und schädlichste Spezies des **Planeten**! Und gleichzeitig maßen wir uns an, über das Leben und die Population von verschiedenen Arten zu entscheiden? Wer sind wir? Gott? Ich glaube nicht! Sonst wäre wohl vieles deutlich ausgewogener…

Ich werde schlafen gehen. Mein Entschluss steht fest! Alles zusammenpacken und Schluss für heute! Was heißt ´für heute´? Sind morgen oder in Zukunft meine Gedanken dazu so völlig anders? Das kann ich mir nicht vorstellen. Ich werde das ganze gründlich überdenken und dann herausfinden, ob ich damit fortfahren sollte.

Ich glaube das Ergebnis schon zu kennen und werde morgen gleich dieses Programm von meiner Playstation löschen, für heute erstmal den Bildschirm ausschalten und zu Bett gehen…

## <u>Vespa – Schwanger – Batterie</u>

Fünfzehn Uhr. Um uns mal wieder zu sehen und ein paar Erfahrungen auszutauschen, haben wir uns in der Backstube im Supermarkt des Einkaufszentrums auf eine Tasse Kaffee verabredet. Mein ehemaliger Kollege ist nun schon einige Jahre in einem anderen Autohaus beschäftigt. Mit dem Haus hat er auch die Marke gewechselt. Da ist er. Wie immer ein paar Minuten zu spät, aber das verzeihe ich ihm gern. Und da er im Allgemeinen mit den Öffentlichen unterwegs ist, erst recht.

Heute ist er jedoch mit dem **<u>Vespa</u>**-Roller gekommen. Das Wetter ist zu schön, um mit dem Bus zu fahren! Wir reden viel, weil wir uns schon lange nicht gesehen haben. Jeder von uns hat in den letzten fünf Jahren eine Menge erlebt. Mit Kunden, mit Vorgesetzten, und der Hersteller macht uns die Geschäfte auch nicht gerade leichter. Dazu werden die Auflagen immer größer, die die Umweltbewegungen in Gang setzen. So können wir uns gegenseitig mal so richtig die Taschen volljammern, obwohl wir doch eigentlich das was wir tun, gerne machen.

Die Zeit vergeht wie im Fluge! Er ist ein angenehmer Mensch und ich höre ihm gern zu. Gleichzeitig hat er durch seine vielen eigenen Erfahrungen auch für meine Probleme großes Verständnis. Zumindest gibt er mir dieses Gefühl. Verkäufer eben…

„Wie spät ist es inzwischen eigentlich?“ fragt er. Ich schaue auf meine Armbanduhr und sage ihm „Erst Halb Fünf“ und er quittiert es mit Erleichterung. Er meint, er könne nicht so sehr spät los, denn er ist mit seiner Schwiegermutter im Möbelhaus verabredet. Sie möchte sich eine neue Wohnzimmergarnitur kaufen und hätte ihn gern als Berater zur Seite. Sie verbindet das natürlich auch mit seinem Verhandlungsgeschick, das ihr sehr hilfreich wäre, wenn sie sich heute für eine Couch entscheiden sollte. Schließlich macht dies einen guten Teil seines Jobs aus, aber sie würde das nicht so offensichtlich in den Focus rücken.

„Ist ja noch Zeit“ sagt er und wir verquatschen uns noch eine Weile. Um unseren Händen auf dem Tisch eine Beschäftigung zu geben und damit die Zunge am Gaumen nicht klebrig wird, bestellen wir uns noch einen Kaffee. Immer mehr alte Episoden fallen uns ein. Da war doch zum Beispiel dieser Kunde, der seinen eigenen Namen nicht so richtig kannte, geschweige denn seine Adresse. Ich musste nach einem Blick in seinen Personalausweis beides bei der Bank korrigieren, weil unter versehentlich verfälschtem Namen alle Bankzusagen ungültig wären. Natürlich kommen auch wieder die alten Geschichten auf den Tisch, die von falscher Kundeneinschätzung erzählen. So fragte ich, um einen Gesprächseinstieg zu finden, mal eine junge Frau, in welchem Monat sie wäre und ob sie bereits wüsste, ob sie hellblaue oder rosa Babysachen kaufen müsste. Ich war über die Antwort genau so erschrocken wie peinlich berührt: „Ich bin nicht **schwanger**. Nur fett!“ Der Klassiker! Beim Erinnern lachen wir uns schlapp und mir springt fast der Kaffee aus dem Gesicht.

Schließlich will er erneut wissen, wie spät es ist. Hat er denn selbst keine Uhr dabei? Ohne über die Sinnlosigkeit nachzudenken sage ich nach einem kurzen Blick auf meine Uhr am Handgelenk „Halb Fünf“. Erst Millisekunden später fällt mir auf, dass es beim letzten Nachschauen auch Halb Fünf war. Unwillkürlich schüttelt man in dieser Situation den Arm, an dem die Uhr getragen wird. Als ob das eine Berichtigung brächte…

Daraufhin schaue ich auf mein Handy und meint erschrocken „Es ist schon fast Halb Sechs!“ „Ach du Scheiße!“ lautet seine Kenntnisnahme. „Thea zerreißt mich in der Luft!“ So nennt er die Mutter seiner Frau, die eigentlich Dorothee heißt. „Mann, jetzt muss ich aber wirklich los! Ich hoffe, sie ist nicht schon angesäuert bis zum Rand nach Hause gestiefelt! Davon erhole ich mich nicht! Und wenn sie gleich darauf mit ihrer Tochter telefoniert, bricht auch zu Hause das Höllenfeuer aus…“ Sein Gesicht bekommt nun wirklich hektische Flecken.

Ich bleibe noch ein wenig sitzen und verspreche ihm auch, die Rechnung zu übernehmen. Er wäre dann das nächste Mal dran, nur jetzt muss er sich wirklich beeilen. Der „Drache wartet nicht gern…“ sind seine Worte, mit denen er eiligsten Schrittes zu seinem Roller rennt und ohne Zögern sofort losfährt.

Kurz darauf kommt ein Anruf. Er ist es noch mal. „Mann, jetzt ist das schon so spät und nun auch noch Stau! Irgendeine blöde Vollsperrung. Ich habe schon versucht, auf dem Gehweg dran vorbei zu fahren, aber auch das geht nicht. Ich habe hier kaum Datenverbindung. Kannst du mal auf dein Handy schauen, was hier los ist und wie ich das umfahren kann?“

Ich sehe in Google-Maps, dass die Straße, auf der er unterwegs ist, wegen eines Unfalls voll gesperrt wurde. Genau zu der Zeit, zu der er eigentlich losfahren wollte, ist eine andere Rollerfahrerin schwer verunglückt! Die Fahrerin eines PKWs nahm ihr wohl die Vorfahrt beim Wenden. Eine Frau wurde schwer verletzt ins Krankenhaus gebracht. Vermutlich die Fahrerin des Rollers.

Nun kann ich ihm einen Teil seiner Frage schon mal beantworten. „Sei froh, dass du nicht eher losgefahren bist! Sonst könntest du jetzt möglicherweise im Krankenhaus sein! Scheißegal, ob dein Schwiegermonster sauer ist! Mit dieser Geschichte verzeiht sie dir. Ich ruf sie auch gern an. Mensch, weißt du eigentlich, dass du verdammtes Glück hattest?“

Das spätere Losfahren rettete ihn vermutlich! Ich will mir gar nicht ausmalen, was alles hätte passieren können. Aber obwohl meine Armbanduhr vielleicht sein Leben rettete, gehe ich nun erstmal zum Uhrmacher, um nach der **Batterie** schauen zu lassen. Einen richtigen Uhrenmechaniker braucht man heute dafür ja nicht unbedingt. So einen Batteriewechsel macht inzwischen jeder Schmuckladen, und davon gibt es hier in der Shoppingmale gleich zwei.

„Ist eigentlich O.K.“ sagt der Juwelier, nachdem er meine Uhrenbatterie geprüft hat. „Saft hat sie noch genug. Und wenn ich das Datum auf der Batterie sehe, ist sie auch erst sechs Monate alt. Also normalerweise müsste sie wenigstens noch zwei Jahre laufen. „Mit fragendem Blick meint er dann: “Soll ich sie trotzdem wechseln?“

„Ja“ sage ich. „Aber werfen Sie sie bitte nicht weg! Ich habe damit etwas vor. Ich setze sie in einen swchönen Rahmen und werde sie jemandem schenken, dessen Leben sie gerade gerettet hat!“

Der Uhrmacher schaut mich jetzt erst recht mit groß aufgerissenen Augen fragend an…

## <u>Ohren – Fahrstuhlschacht – Unterlippe</u>

Ich bin spät dran. Ich muss zu einem Termin. Mein Chef hat mich zum Gespräch einbestellt. Was mag er wollen? Ist ihm etwas zu **<u>Ohren</u>** gekommen, das ihm missfällt? Ich kann mir gar nicht recht vorstellen, was das sein könnte. Aber irgendetwas fällt ihm ja immer ein, weshalb mir bei dem Gedanken an das bevorstehende Gespräch ein bisschen flau in der Magengegend ist. Aber wovor sollte ich Angst haben? Was könnte mich beunruhigen? Bislang verliefen Gespräche mit ihm am Ende immer freundschaftlich und konstruktiv. Warum sollte das diesmal anders sein? Na gut, hin und wieder war er kurz vor der Explosion. Immer wenn ich selbst meine Forderungen durchsetzen wollte oder seine vorgefasste Meinung zu einem Thema zu kippen versuchte.

Ich erinnere mich insbesondere an einen Fall, bei dem er einer Reihe von Mitarbeitern ihre Dienstwagenberechtigung von einem Tag auf den anderen entzogen hatte. Er wollte damit ein Exempel statuieren. Nicht dass ich von diesem Zeitpunkt an keine Fortbewegungsmöglichkeit mehr gehabt hätte. Nein, vielmehr ging es mir um meinen verletzten Stolz! So fragte ich ihn bei der nächsten anberaumten Besprechung, ob er der Meinung sei, ich hätte den berühmten Goldenen Löffel aus dem

Unternehmen geklaut. Er reagierte verdutzt und etwas überfahren von meiner Frage. Hatte er sich doch eigentlich vorgenommen, mit mir über meine Verkaufsergebnisse zu diskutieren. Er ist ein guter Rhetoriker! Ich habe mich trotzdem mit ihm auf eine Diskussion eingelassen und bin schließlich als Gewinner daraus hervorgegangen. Es ist mir gelungen, ihn aus seiner Art zu debattieren herauszuziehen und ich habe mich wie ein Terrier in seine Wade verbissen, um mein Anliegen und meine Argumente nicht aus den Augen zu verlieren. Damit hatte er nicht gerechnet und war mir sozusagen ausgeliefert. Am Ende gab er nach, relativierte seine pauschalen Anschuldigungen und willigte in meine Forderungen ein. Ich denke, er empfindet auch Respekt vor Menschen, die bereit sind, für ihre Meinung einzutreten und sich nicht nur vor dem Chef ducken. Wir sind mit Handschlag und Lächeln auseinandergegangen.

Es ist ein Hochhaus. Sein Büro liegt in der 27. Etage. Eine tolle Aussicht über die Stadt hat man von hier oben. Aber zuvor muss ich dort erst mal ankommen. Es gibt natürlich nicht nur einen, sondern mehrere Aufzüge. Ich erreiche den Aufzug eiligen Schrittes und kann mit der ausgestreckten Hand in der Lichtschranke das Schließen der Tür gerade noch verhindern. Einige Leute befinden sich schon in der Kabine und sie wählen durcheinander verschiedene Etagen. Ich glaube, die maximale Fahrgastanzahl müsste überschritten sein. Alle stehen gedrängt. Umfallen unmöglich.

Ich habe in Aufzügen immer ein mulmiges Gefühl. Vielleicht ist das unbegründet. Ich kenne steckengebliebene Fahrstuhlkabinen nur aus Film und Fernsehen. Aber der Vorstellung nach muss das kein schönes Gefühl sein, zumal unter uns der Abgrund des **Fahrstuhlschachts** lauert.

Plötzlich stoppt der Aufzug tatsächlich. Was nun? Anzeige steht auf 11, aber nichts passiert. Um Himmels Willen! Habe ich das jetzt mit meinen Gedanken heraufbeschworen? Ein Passagier betätigt aufgeregt den Notruf. Er hämmert wie wild auf der dafür vorgesehenen Taste herum. Mit dem Handy scheint hier in dieser Stahlkassette niemand Empfang zu haben. Ich auch nicht. Es wäre ja schön, wenn ich mein Zuspätkommen wenigstens ankündigen oder irgendwie entschuldigen könnte.

Nach fünf Minuten, einer gefühlten Ewigkeit meldet sich der Störungsdienst. „Hallo? Haben Sie den Notruf betätigt?“ „Ja, natürlich! Wir stecken fest!“ erwidert der Mann, der ihn betätigt hatte. „Irgendwo um die elfte Etage herum hängen wir im Aufzug.“ „O.K., der Fehler wird ermittelt.“ verspricht der vermeintliche Retter. „Wir holen Sie da raus, aber das kann ein bisschen dauern.“

Eine Antwort wartet er nicht ab und ein Knacken in der Sprechanlage vermittelt die rasche Beendigung des Gespräches.

Der Lautsprecher bleibt nun schon eine Zeitlang stumm und einige Leute werden unruhig. Fast alle sitzen inzwischen auf dem Boden. Die Zeit vergeht in so einer Situation nicht gerade schnell. Wir werden hier nun schon etwa zwei Stunden blockiert. Ein Fahrgast bändelt mit einer Blondine an, die offensichtlich nicht abgeneigt ist. Sie sitzen nebeneinander in einer Ecke des kleinen Raumes und genießen die Enge, die ihnen eine Gelegenheit für einige gegenseitige Berührungen schafft. Ein anderer Herr wird zunehmend nervöser und lockert sich die Krawatte. Ihm steht etwas Schweiß auf der Stirn. Ich denke, er will nur seine Angst nicht offen zeigen. Der Rest der eingesperrten Gruppe motzt und pöbelt herum. Alle wären schuld, sowas könne es auch nur hier geben. Für alles gäbe es Geld und Mittel. Für immer mehr im Land lebende Ausländer würde ja alles getan. Die bekämen ja alles von vorne und hinten zugesteckt. Aber so einen lächerlichen Fahrstuhl bekommt man nicht in den Griff. Ich denke, hier wird wohl alles auf einem hohen Niveau festgemacht.

Eine Frau muss seit einiger Zeit scheinbar dringend auf die Toilette. Sie zerbeißt sich fast die **Unterlippe** und flüstert leise „Ich glaube ich kann das nicht viel länger aushalten! Was mache ich bloß? Ich muss so nötig…“ Ein Mädchen fängt an zu weinen. Sie wird vielleicht zehn oder maximal zwölf Jahre alt sein. Diese befremdliche Situation macht ihr schlicht Angst. Ein Fahrgast redet ihr gut zu, woraufhin sie sich ein wenig bei ihm anlehnt, um Schutz und Geborgenheit zu finden.

Ein erneutes Knacken im Lautsprecher der Sprechanlage verkündet wieder, dass am anderen Ende um eine Lösung gerungen wird. „Hallo?“ ertönt wieder die Stimme, die vorhin schon mal zu uns sprach. „Hören Sie mich? Ich wollte mich nur mal melden, damit Sie nicht denken, wir hätten Sie nicht mehr auf dem Schirm.“ ist seine Beschwichtig. Knack. Aus.

„Was denn, das war alles?“ sagt der, der den Notruf meldete.

Knack. „Es kann kein direkter Fehler der Anlage diagnostiziert werden. Alle Systeme arbeiten nach unseren Anzeigen einwandfrei. Aber der Techniker hat eine Idee.“ Sagt es am anderen Ende der Wechselsprechanlage. „Betätigen Sie doch mal den Knopf mit den beiden voneinander weg zeigenden Pfeilen. Das ist die Taste, mit der man die Schiebetüren öffnen kann. Oder haben Sie das bereits versucht?“

„Nein“ sagt der Mann, der für uns alle die Kommunikation aufrecht erhält. „Wir haben hier nichts angefasst, seitdem der Korb steht.“ Er will damit sicherlich die Unschuld der Fahrgäste an der Situation unterstreichen.

„Knack. „Dann tun Sie das mal bitte! Drücken Sie einfach mal auf die Öffnungstaste! Mal sehen was passiert“.

Die Tür öffnet sich. Ebene 11. Wir stehen genau auf der Position zum normalen Etagenhalt. Es gab gar keinen Ausfall! Das Mädchen hatte nur die elfte Etage gewählt und versehentlich beim Halt auf "Tür schließen" gedrückt. Wie erkläre ich das jetzt meinem Chef…?

## Bank – Überstunden – Champagner

Ein Freund ist Mitarbeiter einer **Bank**. Er beschäftigt sich in seinem beruflichen Alltag mit Geldanlagen und dem Börsengeschehen. Er hat aber selbst keinen Publikumsverkehr, sondern notiert akribisch alle Börsentendenzen in verschiedene Computersysteme. Tagein tagaus immer nur die Zahlen in den PC hämmern. Das wäre nichts für mich.

Eines schönen Tages vor einem Jahr kam er abends mit einer genialen Idee nach Hause. Er lud uns noch am gleichen Abend zum gemeinsamen Abendessen ein, um uns davon zu begeistern. Der Geistesblitz brannte ihm derartig unter den Nägeln, dass er vor Freude fast geplatzt wäre.

Ihm sind im Zeitraum eines halben Jahres gleich mehrere Fehler unterlaufen. Das ist jetzt fast zwölf Monate her. So ganz kleine Abweichungen von Minimalbeträgen im Hundertstel- und sogar Tausendstel-Cent-Bereich. Einfache Schreibfeler, wie sie jedem bei dieser stupiden Arbeit passieren können. Ganz ohne jede Absicht. Weil bereits wegen ähnlicher Fehleinträge ein Mitarbeiter recht barsch angegangen wurde, hatte er später versucht, alles unter dem Radar zu halten. Er musste versuchen, seine Fehler durch gezielte Gegenbuchungen nachträglich auszugleichen. Seine Hoffnung war, dass das Ganze auf diese Weise „unsichtbar" würde. Die Inhaber der Konten sollten seinen Fehler nach Möglichkeit nicht bemerken und ihm sollte so der Ärger in seiner Bank erspart bleiben, der bestimmt auch rechtliche Konsequenzen mit sich gebracht hätte. Er hat seitdem sehr viele **Überstunden** investiert, um unbeschadet aus dieser Situation zu kommen, was ihm schließlich auch gelang. Keiner seiner Bankkunden, die in diesem Geschäftsbereich zumeist größere Unternehmen sind, hatte einen Schaden durch diese Fehltransaktionen erlitten. Im Gegenteil! Die Möglichkeit bestand für sie, zusätzliches Plus verbuchen, hätten sie es nur bemerkt.

Und genau hier setzt seine Idee an. Was einem fehlt, schlägt sich dem anderen als Gewinn auf sein Konto. Das Fehlen fällt aber niemandem auf, weil die Beträge im Null-Komma-Null-Null-Null-Bereich stattfinden. Die Anzahl der Transaktionen macht's schließlich! Und niemand wird es bemerken!

Alle unsere Zweifel räumt er aus und begeistert uns schlussendlich für seine Idee. Wenn auch mit flauem Gefühl, stimmen wir am Ende des Abends doch noch zu. Er leitet alles dafür in die Wege und rekonstruiert seinen Fehler von vor einem Jahr. Nur diesmal zu seinen und auch zu unseren Gunsten. Alles läuft vorerst über sein eigenes Konto.

Wir können immer noch darüber entscheiden, ob wir bis zum bitteren Ende dabei sein wollen oder besser doch Abstand von dieser dubiosen Sache nehmen. Über ein halbes Jahr lang läuft das nun schon. Hin und wieder berichtet er von seinem Saldo, der beachtlich steigt.

Und davon soll wirklich keiner etwas bemerken? Das können wir uns beim allerbesten Willen nicht vorstellen. Acht- und sogar neunstellige Beträge verschwinden doch nicht einfach so von der Bildfläche. Auch wenn es hier um kleine und kleinste Beträge geht. Irgendwer wird sie vermissen. Und irgendein Algorithmus wird das Abzweigen erkennen und früher oder später Alarm schlagen. Vermutlich früher. Wir distanzieren uns nach reiflicher Überlegung dann doch besser.

Unruhe. Die Bank ermittelt intern. Eine intnsive Befragung der relevanten Mitarbeiter wird sofortr begonnen. Unserem Freund, dem Bänker, wird der Boden unter seinen Füßen immer wackliger. Wenn eine Transaktion funktioniert, dann geht's auch mit einer Rückabwicklung, raten wir ihm. Diese Erfahrung machte er ja bereits seinerzeit. Aber jetzt ist Eile angesagt, aber nicht ohne das zwingend nötige Feingefühl. Es gibt jetzt keinen Platz für Fehler! Alles was stattfand, muss nun in den Rückwärtsgang geschaltet werden. Schnellstens!

Die Rück-Transaktion hat geklappt. Leider ist nun aber auch kein Gewinn mehr auf seinen Konten zu verzeichnen. Aber so hat er die größten Chancen, nicht entdeckt zu werden. Gewinn ist das eine. Und wenn dieser nun mal ausfällt, dann müsste ihm doch der, wenn auch nur kurzzeitig gutgeschriebene Saldo, Zinsen eingetragen haben. So frohlockt er.

Voller Vorfreude und der damit einhergehenden Spannung fordert er seine Kontoauszüge an. Gleich heute noch. Online. Da die Datenleitung schwach ist, dauert die stockende Übertragung recht lange. Nur zeilenweise baut sich das Bild auf. Da ist sie, die Saldenaufstellung. Immerhin offenbart sich wenigstens noch ein fünfstelliger Betrag. Erleichterung stellt sich bei ihm ein. Er geht sofort an den Kühlschrank, um den dafür kaltgestellten **Champagner** zu köpfen.

Während er damit beschäftigt ist, schauen wir über die Zahlen der Zinsabrechnung und stutzen ein wenig. Nun sind wir beide nicht die Profis, die so eine seitenlange Tabelle auf einen Blick durchschauen. Wir brauchen doch ein paar Minuten, um die Zusammenhänge zu verstehen. Der französische Schaumwein ist jetzt offen und er schenkt überschwänglich ein, egal ob die Gläser bereits überlaufen. Ist doch egal, legen wir eben einen neuen Teppich hin. „Was kostet die Welt“ skandiert er.

Eine Frage beschäftigt uns dennoch. Was sagt der kleine Strich vor der Zahl unten rechts aus?

Sein Blick verfinstert sich zunehmend. Die Gläser stellt er, ohne hinzuschauen, auf dem Tisch ab. Der Leitzins ist im wirksamen Zeitraum ins Minus abgerutscht. Die Flasche rutscht ihm aus der Hand. Aus allen Zinsen sind leider gigantische Sollzinsen geworden.

**Fotografie – Altstadt – Schriftzeichen**

Es gibt kaum eine schönere Unterstützung für persönliche Erinnerungen als ein Fotobuch. Fotos zusammenstellen, elektronisch zum Hersteller des Buches übertragen. Vorher noch die Formatierung und vielleicht die Anzahl der Seiten und die Hintergrundfarben festlegen. Dann ein paar Tage abwarten und das Ergebnis kann sich je nach Geschmack des Auftraggebers zumeist sehen lassen. Man hält ein schönes farbiges Buch mit der Zusammenfassung der schönsten Momente in den Händen und kann es sich mit Freunden oder Verwandten ansehen.

Die **Fotografie** funktionierte ja zu Zeiten meiner Kindheit und Jugend noch auf chemischer Basis. Einen lichtempfindlich beschichteten Film legte man in eine Kamera ein, der dann durch eine Optik belichtet wurde. Es entstand vorerst ein Schwarz/-Weiß- oder später auch Farbnegativ. Damit war das betrachtungsfähige Bild aber noch nicht fertig. Hierfür mussten erst noch die Farben umgekehrt und das Bild auf ein speziell dafür präpariertes Papier übertragen werden. Wieder ein Belichtungsvorgang, nur diesmal in der sogenannten Dunkelkammer, um kein Fremdlicht auf das Trägermaterial gelangen zu lassen. Dies hätte das Bild unschön aussehen lassen oder gar völlig unbrauchbar gemacht. Und jetzt ist es fertig? Nein! Der chemische Vorgang würde weiterlaufen, bis die Materialien verbraucht oder die reagierenden Verbindungen ausgeglichen sind. Also musste die Entwicklung im Fixierbad gestoppt und abgeschlossen werden. Nun noch das fast fertige Foto trocknen und anschließend auf Glanz „bügeln". Schon fertig… Vierzehn Tage später konnte man die Bilder vom Fotolabor abholen und erst mal sehen, welche überhaupt etwas geworden sind. Häufig ist nur die Hälfte brauchbar gewesen. Die anderen waren mehr oder weniger Abfall durch Überbelichtung, falsche Brennweiteneinstellung, falsche Belichtungszeit oder schlicht und einfach verwackelt. Heutige fotofähige Apparate wie zum Beispiel Mobiltelefone erledigen alle notwendigen Detaileinstellungen vollautomatisch und die Ergebnisse lassen sich dank elektronischer Sofortspeicherung sofort in Augenschein nehmen. Der Benutzer muss in der Gegenwart auch nicht ganz so sparsam sein wie früher, denn ein Film plus der notwendigen Entwicklung war teuer und bot nur maximal sechsunddreißig Aufnahmen.

Sogenannte Dias waren später sehr beliebt. Auch hier wurde ein Film in der Kamera belichtet. Diesmal aber gleich ein Positiv-Film. Das bedeutet, es mussten keine Farben in dem beschriebenen aufwändigen Verfahren umgekehrt werden. Dafür mussten sie gerahmt werden, um sie mit einem Projektor auf eine Leinwand zu projizieren. Hierzu wurden die Betrachter zu einem geselligen Abend eingeladen. Man saß zuvor gemütlich bei Kaffee und Kuchen, auch um die Dunkelheit abzuwarten, die für den Lichtbildervortrag gebraucht wurde. Alle saßen dann auf ihren Stühlen und Sesseln wie im Kino und schauten gespannt in Richtung der Projektionsfläche. Das Vorführgerät warf seinen gebündelten Lichtstrahl durch eine Optik an die Wand und durchleuchtete das Diapositiv, wie es eigentlich richtig hieß. So konnten die Zuschauer ein leinwandgroßes Bild sehen, das vom Vorführenden kommentiert wurde. Zumeist akustisch untermalt durch das Rauschen des Ventilators, der die Maschine und das Dia-Bild vor Überhitzung schützte. Wie vorstellbar ist, war natürlich jedes einzelne der teuer bezahlten rund zweihundertfünfzig Bilder unbedingt wert, gezeigt und ausführlich kommentiert zu werden. Die Zuschauer mussten dabei allerdings einiges an Geduld beweisen und auch zu fortgeschrittener Stunde im dunklen Raum massiv gegen das Zufallen der Augenlider ankämpfen. Passierte es doch, war es vielleicht dunkel genug, um nicht bemerkt zu werden…

Wer sich dies vorstellen kann oder vielleicht sogar früher selbst erlebt hat, weiß die Vorzüge eines Fotobuches zu schätzen. Die Betrachter schauen gespannt hinein und kein Zimmer muss abgedunkelt werden. Außerdem werden tatsächlich nur die besten Bilder verwendet, die für das Festhalten der schönsten Eindrücke des Moments wichtig sind. Im richtigen Kontext zusammengestellt und mit Bildunterschriften versehen macht das Betrachten Spaß!

Heute konnte ich es abholen. Gespannt fahre ich damit nach Hause, um gleich das erste Mal darin zu blättern. Ich bereite mir also eine Tasse Kaffee zu und schaue gleich rein. Die Erinnerungen an die Erlebnisse werden sofort geweckt! Alles läuft lebendig vor meinem geistigen Auge ab. Kommentare zu den Fotoszenarien habe ich auch gleich als Bildunterschriften eingefügt und eindrucken lassen. Die aufsteigenden Seiten sind analog der Zeitschiene sortiert. Es zeigt mir in Momentaufnahmen noch mal, wie schön der letzte Urlaub war! Hier die Seite, auf der unser Aufbruch dokumentiert ist. Nicht alles ging glatt und wir mussten nach den ersten paar Kilometern sogar noch mal umkehren, weil ich meine Brieftasche mit meinem Ausweis, dem Führerschein und den Fahrzeugpapieren zu Hause vergessen hatte. Auch dieser Moment mit dem gestressten Gesichtsausdruck findet hier seinen Platz. Und dann am Meer mit dem entsetzlichen Sonnenbrand auf dem Rücken. Unser Essen in diesem tollen Fischrestaurant…

Ich blättere begeistert weiter. Hier der Abend in der **Altstadt** am Mittelmeer. Eine warme Nacht, die wir mit allen Sinnen genossen haben. Der Wein floss, das Essen war köstlich und die Straßenmusiker sorgten für die passende musikalische Untermalung.

Beim Blättern fällt mir wieder das Boot ins Auge, das wir ausgeliehen hatten. Ein schöner Tag. Genau wie zum Ende hin ein Ausflug mit einem kleineren Schiff zu den vorgelagerten Inseln.

Dies hier war, wie ich glaube, am letzten Tag vor der Heimfahrt. Unsere Fahrradtour. Wir fuhren den ganzen Tag vom Campingplatz aus mit dem Rad durch die angrenzende mittelalterliche Stadt. Aßen unterwegs etwas Schönes, später hatten wir Kaffee und Eis. Auf dem Rückweg kamen wir noch an einem Laden vorbei. Ein kleiner Tante-Emma-Laden, der sich dort „Super-Market“ nennt. Aber gut, wir haben alles bekommen was wir brauchten, um unsere Vorräte im Wohnmobil aufzufüllen. Etwas Obst war dabei. Unter anderem eine kleine Melone. Auch Sticks mit löslichem Kaffee, Brotbelag und Käse. Nudeln brauchten wir auch wieder, genau wie Zwiebeln und Knoblauch, um selbst „Spaghetti Aglio e Olio“ zuzubereiten. Parmesan oder wenigstens der vielerorts als

Ersatz angebotene Grana Padano durfte natürlich nicht fehlen! Abschließend noch eine Gallone Wasser. So nennen wir immer diese Fünf-Liter-Flaschen, die wir kaufen, um damit Kaffee oder Nudeln auf dem Herd zu kochen. Das Wasser aus dem eigenen Tank des fahrenden Hotelzimmers oder das aus der öffentlichen Wasserleitung ist vielleicht nicht so hygienisch einwandfrei und abgestanden auch nicht besonders appetitlich. Die Satteltaschen unserer Fahrräder waren mit dem Einkauf mehr als voll ausgelastet. Die Wassergalone konnte ich nur noch auf dem Gepäckträger unterbringen. So fuhren wir die letzten Kilometer bis zum Campingstellplatz. Dort angekommen lag das öffentliche WC- und Sanitär-Haus am Weg. Um nicht nochmal vom Auto dorthin gehen zu müssen, beschloss ich, meine Verrichtung gleich unterwegs zu erledigen und bog mit dem Fahrrad dorthin ab. Hätte ich doch nur noch an das Wasser auf dem Gepäckständer gedacht! Mir wäre der Sturz beim „eleganten Absteigen“ vom ausrollenden Fahrrad erspart geblieben. Hiervon zeugt das vorliegende Bild im Fotobuch. Auch das ist im Nachhinein ganz lustig, auch wenn die Schürfwunden für den Moment schrecklich schmerzten und grausam aussahen.

Ich glaube, das war unsere letzte Station. Danach haben wir uns ganz langsam auf den Rückweg nach Hause gemacht.

Weitere Bilder habe ich nicht übertragen. Glaube ich jedenfalls. Das sollte es mit diesem Buch gewesen sein. Ich blättere aber trotzdem um, weil noch Seiten vorhanden sind. Da sind ja doch noch einige Bilder. Dieses Foto war... Nun, ich weiß es gar nicht. Wo war das denn? Da waren wir doch gar nicht. Wessen Bilder sind das denn?

Ach, da sind wir ja doch drauf. Aber ich erinnere mich gar nicht. Im Hintergrund sind kyrillische **Schriftzeichen**. Scheinbar der Name einer Gaststätte. Oder ist das Griechisch? Könnte sein. Ich weiß, dass wir dort hin wollten. Aber… Habe ich was verpasst? Und was ist das? Ein Kalender an der Wand der Szenerie zeigt ein Datum, das wir noch gar nicht haben. Das ist ja alles noch gar nicht passiert. Zeigt mir das Fotobuch einen Ausblick in die Zukunft? Das ist ja abgefahren…

Ich blättere weiter um. Eine leere Seite. Nur ein riesiger Fettfleck breitet sich über den Mittelfalz des Buches über beide Seiten aus. Ich hatte mir vor dem Aufschlagen des Buches wegen meiner trockenen Haut das Gesicht eingecremt. Alle Falten meiner Stirn zeichnen sich nun in diesem Fleck ab und geben Einblicke in einen Teil meiner Lebenserlebnisse. Und offenbar ist ein Diavortrag wie in der Vergangenheit doch nicht der einzige Ort, bei dem einen der Schlaf einholt. Ich werde diese Tabletten, die ich wegen meiner chronischen Rückenschmerzen schlucke, nicht mehr nehmen. Sie machen mich einfach in den unpassendsten Gelegenheiten viel zu schläfrig.

## Zufriedenheit – Fahrstuhl – Blumen

Das Telefon klingelt. Scheinbar ruft mich jemand an. Schlau geschlussfolgert! Warum sollte es sonst klingeln? Vielleicht weil die Eier fertig weichgekocht sind?

Ich nehme ab: „Ja, bitte?". Es ist die Wohnungsverwaltung. Eine der Stimme nach sehr junge Mitarbeiterin stellt sich vor: „Guten Tag, Herr Bartelt! Hier ist Ihre Wohnungsverwaltung. Sie sprechen mit Frau Schmidt. Ich habe im Rahmen eines Kundeninterviews einige Fragen bezüglich Ihrer **Zufriedenheit**. Haben Sie einen Moment Zeit dafür?"

Es verwundert mich schon ein wenig und ich mag solche Belästigungen eigentlich gar nicht. Ich empfinde das zumeist als direktes Eindringen in meine Privatsphäre. Aber einer so sympathischen Stimme kann ich diesen Wunsch kaum abschlagen und lasse mich geduldig darauf ein.

„Gut, dass Sie anrufen! Ich wollte mich auch schon telefonisch bei Ihrer Firma melden. Sie kommen mir jetzt gerade zuvor und der Zeitpunkt passt ganz gut. Welche Fragen kann ich Ihnen denn beantworten? Schießen Sie los!" fordere ich die Frau am anderen Ende auf.

„Zuerst brauche ich Ihr Einverständnis. Wir zeichnen Telefongespräche auf, um sie zu Schulungszwecken zu verwenden umso unsere Qualität zu erhöhen. Sind Sie damit einverstanden?" „Ja." sage ich. „Wie lange wohnen Sie denn jetzt bereits in Ihrer Wohnung?" will sie wissen. „Wenn Sie einverstanden sind, gleichen wir erst mal einige Punkte ab, um unsere Kundendaten zu aktualisieren." „Inzwischen fast zehn Jahre" beantworte ich ihre Frage. „Ach, sehen Sie, in meiner Akte steht ‚acht Jahre'. Schön, dass wir das abgleichen!" freut Sie sich bestätigend. „Sie bewohnen nach meinen Unterlagen eine Vier-Zimmer-Wohnung mit Küche, Bad, Flur und Balkon?" trägt sie den nächsten Punkt vor. Ich berichtige sie abermals: „Drei! Ich meine, ich habe eine Drei-Zimmer-Wohnung. Und leider keinen Balkon." Sie klingt nun etwas erstaunt: „Das stimmt also auch nicht? Hmmm. Mir scheint, als wäre hier ein gesamter Datensatz verrutscht. Ist ja merkwürdig. Ich gehe die weiteren Punkte mal in Kurzform durch. Sie bewohnen die Wohnung zu dritt mit Ihrer Frau mit Ihrem zehnjährigen Sohn und Ihrem Hund, Die Wohnung befindet sich in der vierten Etage, beheizt mit Fernwärme, die Küche verfügt über Gasanschluss zum Kochen und die Fenster sind vor sechs Jahren gegen moderne Wärmeisolationsverglasung ausgetauscht worden?"

Fragen über Fragen. „Ich will's mal kurz zusammenfassen. Ich lebe allein, habe auch keinen

Hund und keinen Sohn. Meine Fenster sind undicht und die Holzrahmen haben wirklich ihre besten Zeiten lange hinter sich! Ich muss bis zum heutigen Tag Kohlen aus dem Keller schleppen, um damit drei uralte stinkende Öfen zu heizen. Und das bis in den sechsten Stock. Und bevor Sie fragen, ich habe dazu eine Treppe zu benutzen und keinen **Fahrstuhl**! Kochen würde ich ja gern. Aber die alten Elektroplatten werden ja stundenlang nicht warm. Und wenn sie es dann doch mal schaffen, glühen sie fast. Kochen im herkömmlichen Sinne kann man das wie ich glaube kaum nennen, oder?“

Nachdenkliche Stille am anderen Ende. Ich kann vernehmen, wie sie vermutlich mit jemandem neben sich tuschelt. Scheinbar ist die junge Frau ein wenig überfordert. Man verteilt ja gern solche Arbeiten in manchen Firmen auch mal an Praktikanten oder Azubis, um sich diese zeitraubenden Kundentelefonate vom Hals zu schaffen.

Da ich nun gerade auf Betriebstemperatur warmgelaufen bin, nutze ich die Gelegenheit, um den angestauten Unmut über meine Wohnsituation in Worte zu fassen: „Hören Sie mal zu junge Frau! Ich habe Ihnen ja eingangs schon gesagt, dass ich auch schon bei Ihnen anrufen wollte. Nehmen Sie es bitte nicht persönlich! Sie können wahrscheinlich am wenigsten dafür. Aber ich muss das jetzt mal loswerden. Das geht so nicht weiter! In Ihrer Firma scheint einiges nicht geradeaus zu laufen. Abgesehen davon, dass nichts mit dem übereinzustimmen scheint, was in meiner Mieterkartei steht, wundert mich bald gar nichts mehr! Ich habe ja schon mehrere Beschwerdebriefe geschrieben, die allesamt nicht beantwortet wurden. Kommt meine Post bei Ihnen direkt im Papierkorb an oder nimmt sie noch den Umweg über irgendeinen Schreibtisch? Weiß in Ihrer Verwaltung überhaupt einer was der andere tut? Ich kann's nicht fassen! Und dabei bringt es jemand fertig, mich auf eine Anrufliste zu setzen und nach meiner Zufriedenheit zu befragen! Wirklich fantastisch!"

Sie unterbricht mich fast ein wenig schüchtern: „Hallo? Darf ich… ich… kann ich Sie… ich würde Sie gerne… Hallo? Ich muss…" Sie traut sich offenbar kaum, meinen Redeschwall zu unterbrechen. „Ich möchte ja nicht unhöflich sein, aber ich unterbreche Sie jetzt mal." Mischte sich eine andere Mitarbeiterin in das Gespräch ein. „Mein Name ist Frau Reuter. Die junge Kollegin hat, soweit sie kann, alles entgegengenommen. Ich würde Ihnen gern einen Fragebogen zusenden, in dem Sie uns die fehlenden Angaben einfach schriftlich ergänzen und die vorliegenden falschen ersetzen. Ist das in Ihrem Sinne?"

„In meinem Sinne wäre es, wenn meine Post und auch vielleicht dieser zurückzusendende Fragebogen in Ihrem Hause auch mal einen Empfänger finden würde! In meinem Sinne wäre es ferner, wenn sich daraufhin an der Qualität meiner Wohnung auch mal etwas änderte. Auch wäre es in meinem Sinne, wenn eine der Wohnraumbeschaffenheit angemessene Miete berechnet werden würde! Auch mal als Mieter respektiert zu werden, könnte ein Anfang sein! Nur nach all den vergeblichen Versuchen, mich darüber mit Ihnen zu einigen, laufen meine diesbezüglichen Hoffnungen auf den Nullpunkt zu.“ Ich bin innerlich auf mindestens hundertachzig! Wie können die eine derartige Frechheit besitzen?

„Ich werde Ihnen hier und jetzt auch noch was ganz anderes sagen.“ setze ich meine unterbrochene Rede fort. „Ich habe nun den Zustand meiner Behausung in wenigstens acht Briefen bemängelt und es ändert sich nicht das Geringste daran. Nein, noch nicht mal eine Antwort erhalte ich darauf! Deshalb mache ich nun von meinem Recht auf Mietminderung Gebrauch! Und zwar mindere ich meine monatlichen Zahlungen an Sie bis zur Behebung der aufgeführten Mängel um genau einhundert Prozent! Keine einzige Puseratze bekommen Sie mehr von mir! Verlassen Sie sich darauf!“

„So geht das nicht“ versucht mich Frau Reuter zu beschwichtigen. „Sie können nicht einfach…“ „Hier muss ich Sie unterbrechen. Sie werden schon sehen, wie ich das kann! Und dann wollen wir doch mal sehen, ob ich vielleicht mal eine Antwort bekomme oder ob sich mal irgendwer für meine Belange interessiert. Ich werde Ihnen sagen was Sie können! Sie können diesen Anruf gern in Ihre Schulungsunterlagen übernehmen. Zum Beispiel zum Thema ‘Kundenanrufe und Einwandbehandlung‘ oder ‚Deeskalation‘. Dafür können Sie die Gesprächsaufzeichnungen gern benutzen! Und noch etwas. Ich beabsichtige, meine Wohnung hiermit zu kündigen. Ich glaube nämlich inzwischen nicht mehr daran, dass sich in absehbarer Zeit an den Zuständen in der Wohnung und denen in Ihrem Hause etwas ändert. Brauchen Sie das nochmal schriftlich, oder reicht das soweit?“

Ich lege auf, ohne die Antwort abzuwarten. Endlich bin ich meinen Frust mal los! Ein gutes Gefühl! War ja schon lange überfällig. Schließlich kann man mit einer schlechten Wohnung einen Menschen genauso umbringen wie mit einer Waffe! Aber eines erstaunt mich trotzdem. Wie konnten die mich bloß erreichen? Wusten die, dass ich bei guten Freunden, während deren Urlaub die <u>**Blumen**</u> pflege und mich dort einquartiert habe, um dem Hund Gesellschaft zu leisten? Eigentlich clever, mich hier anzurufen. Und warum hat sie mich wie meinen Freund ‚Herr Bartelt' angesprochen…?

## Schokokekse – Raucherpause – Überraschung

Für vier Tage ist ein Seminar anberaumt. Es geht um das dankbare Thema „Rhetorik im Verkauf“. Eigentlich müsste es „Rhetorik im Alltag“ heißen, denn der richtige Umgang zwischen Menschen lässt sich dadurch deutlich leichter gestalten. Unendlich viele Leute reden miteinander, ohne über die Wirkung ihrer Worte nachzudenken. So entstehen Missverständnisse und wenn es hart auf hart kommt, auch Streit. All das ist vermeidbar! Nicht immer, aber sehr oft. Genauso ist es, wenn einem jemand seinen Willen aufdrängen möchte. Schon in den Fragestellungen ist zu erahnen, wo uns der Gesprächspartner hinbringen möchte. Eine ganz normale offene Alternativfrage kann die entscheidenden Weichen stellen. Ein Beispiel dafür: „Welche Kekse möchtest du gern essen? Die **Schokokekse** die oder leckeren Hellen?“ Bewusst oder unbewusst stellen wir die gewünschte Entscheidungsmöglichkeit ans Ende der Frage. Der Befragte wird sich mit hoher Wahrscheinlichkeit, oft auch gegen seinen eigentlichen Willen, für den letztgenannten hellen Keks entscheiden, zumal er auch noch mit dem Attribut „lecker“ garniert wird. Ich unterstelle hier, dass der Fragesteller die Schokokekse lieber für sich reservieren möchte…

Diesmal hat man mir die Leitung der Schulung übertragen. Ich bin ja inzwischen alt genug, auch mal ein wenig Wissen weiterzugeben. Und die Chance auf einen kleinen Zuverdienst ist ja auch nicht zu verachten. Die verschiedenen Teilnehmer sind alle deutlich jünger als ich. Nachdem sich die Runde wie in solchen Veranstaltungen üblich vorgestellt hat, weiß ich, dass die obere Altersgrenze der Anwesenden bei dreißig Jahren liegt.

Tagsüber läuft das Seminar in zwei Blöcken. Vormittag und Nachmittag. Einige aus der Gruppe drängen mit hochgehaltenen Zigarettenschachteln immer wieder auf eine **Raucherpause**. Nach dem ersten Vormittag stelle ich auch hier eine rhetorische Frage: „Wie lange wollen hier wir am letzten Schulungstag sitzen? Alle wollen doch zeitig zu Hause sein, oder? Eine Möglichkeit ist also, wir arbeiten alles in Ruhe durch und unterbrechen alle halbe Stunde für zehn Minuten, oder wir können zügig durch den Lernstoff hüpfen, natürlich ohne dass etwas Wichtiges auf der Strecke bleibt. Dafür verzichten wir hier und da mal auf eine Raucher-Unterbrechung. So könnten wir vermutlich mittags Schluss machen. Was denken Sie?“

Für welche Möglichkeit werden sich die Schulungsteilnehmer wohl mehrstimmig entscheiden…?

Abends an der Hotelbar ist die Stimmung etwas lockerer und wir einigen uns darauf, uns mit DU anzusprechen. Das verbindet und lässt mehr Nähe zu. Der gegenseitige Respekt darf darunter logischerweise nicht leiden!

Schnell rekrutiert sich ein „harter Kern“ aus fünf der Anwesenden. Beim Bierchen kommt allerhand Persönliches auf den Tisch. Erlebnisse aus dem Tagesgeschäft gehören genauso dazu wie der kürzlich verstorbene Hund einer Teilnehmerin und die Scheidung der Eltern eines der Herren. Mein Gefühl sagt mir, es sind wirkliche Freundschaften zwischen den Leuten in der Entstehungsphase. Nach einer Stunde verabschiede ich mich und lasse die junge Generation allein. Es ist ja schon etwas später und ich muss auch die Flip-Charts für morgen noch vorbereiten.

Die ersten drei Tage ziehen sich in einer sehr freundschaftlichen Atmosphäre dahin. Ich gewinne den Eindruck, dass alle Spaß haben und dabei trotzdem viel lernen. Sogar an den gehassten Gruppentrainings und Einzelrollenspielen. So soll es sein! Die Raucherpausen halten sich in vernünftigen Grenzen und wir kommen gut im Stoff voran. Und schon ist der vorletzte Schulungstag abgeschlossen und der letzte gemeinsame Abend angebrochen. Die Stimmung ist ein wenig gedrückt. Die bevorstehende Trennung der inzwischen zusammengeschweißten Trainingsteilnehmer steht morgen bevor und wir beschließen gemeinsam, uns einen schönen Abschlussabend zu gestalten. Wir treffen uns deshalb später an der Hotel-Bar.

Wir stoßen auf die schöne gemeinsame Zeit an. Ein Pärchen ist sich sogar etwas mehr als näher gekommen. Sie werden wohl auch nach der Schulung zusammenbleiben. So hoffe ich zumindest, wenn ich die beiden so beobachte. Die anderen werden vielleicht noch eine gewisse Zeit lang ihre Verbindung aufrecht erhalten. Sie kommen ja aus recht weit entfernten Heimatorten.

Schon ist die Zeit wie im Fluge vergangen und der Barkeeper schreibt den Konsum auf die entsprechenden Zimmernummern. Wir geben ihm gemeinsam sein verdientes Trinkgeld. Da aber die Stimmung gerade auf dem Höhepunkt ist sagt mir eine Teilnehmerin, dass sich alle noch zum „Nachglühen“ auf ihrem Zimmer verabredet haben. In zwanzig Minuten wollen sich dort alle wieder treffen. Der eine oder andere hat dafür noch ein lustiges Getränk gebunkert.

Ich muss zwar eigentlich noch die Urkunden für die Gruppe vorbereiten, lasse mich aber dennoch darauf ein. Es ist ja wirklich eine tolle Truppe und auch ich habe ja mein erstes selbstgeleitetes Seminar zu feiern. Ich kippe also meinen geplanten

Zeitablauf und nehme mir vor, morgen eine halbe Stunde früher aufzustehen und die versäumten Vorbereitungen nachzuholen.

Angekommen am beschriebenen Zimmer klopfe ich wie vereinbart an die Tür. Sie öffnet und bittet mich herein. Ich gehe durch bis zu dem, was man vielleicht in so einem Businesshotelzimmer als Wohnbereich bezeichnet. Es ist niemand weiter hier, bemerke ich. „Wo sind die anderen, die kommen doch sicher gleich, oder?“ frage ich sie. Ein wenig verstohlen antwortet sie: „Nein, die haben leider eben abgesagt. Wir sind ganz allein. Aber ist ja auch nicht schlimm, oder was meinst du? Wenn die anderen eben müde sind… Trinkst du ein Bier oder stößt du mit einem Glas Sekt mit mir an?“ Als erstes denke ich, die Alternativfrage als rhetorisches Werkzeug hat sie verinnerlicht. Gut So!

Aber meine Gedankengänge finden eine Fortsetzung. „Ich weiß nicht. Mir erscheint es falsch, mit dir hier allein zu feiern. Was könnten die anderen später behaupten, was hier passiert sei…?“ Sie beantwortet meine Frage nicht und dreht stattdessen den Dimmer des Lichtschalters auf Schummerbeleuchtung herunter. Auch meine Antwort wartet sie nicht ab und steht bereits mit zwei gefüllten Sektgläsern vor mir, im Begriff, sich auf meinem Schoß niederzulassen. Erst jetzt bemerke ich, dass sie sich in der Zeit, bis ich bei ihr klopfte, umgezogen haben musste. Hatte sie vorhin nicht Jeans und einen Pulli an? Jetzt ist es ein hautenges verführerisches Minikleid, das ihre Figur noch viel besser zur Geltung bringt. Scheinbar ist Rhetorik hier und heute nicht die einzige Waffe in der Zwischenmenschlichkeit…

Für den Bruchteil einer Sekunde überrumpelt mich das hier alles, aber schließlich finde ich zu mir selbst zurück und streife den Teufel von der Schulter, der den Engel auf der anderen mundtot zu reden versucht. „So geht das nicht!" sage ich in gedämpfter Lautstärke zu ihr. „Ich kann das hier nicht fortsetzen mit dir allein! Du bist ohne Zweifel eine attraktive Frau! Würde ich das übersehen, wäre ich kein Mann. Aber bitte, wir können das hier nicht tun. Ich bin glücklich verheiratet und habe auch Verantwortung als euer Seminardozent. Ich will's auch nicht gleich beim ersten Anlauf versauen. Bitte versteh das! Ich werde noch mit dir dieses Glas austrinken, aber dann muss ich gehen."

„Bitte geh nicht gleich! Ich habe noch eine **Überraschung** für dich." Ich erwidere „Nein, keine weiteren Überraschungen bitte!" In dem Moment öffnet sie die Tür zum Bad, die solange nur einen Spalt angelehnt stand. Da nun Licht in den Raum fällt, offenbart sich eine Kamera auf einem Stativ und zwei weitere Personen. „Bestanden! Herzlichen Glückwunsch! Dies hier war ein inszenierter Treuetest...“

Damit hätte ich jetzt am allerwenigsten gerechnet! Schon wieder knallen Sektkorken und meine liebe Frau kommt aus dem Bad heraus und umarmt mich innig.

## **Supermarkt – Knast – Rührei**

Ich habe Feierabend, drehe den Schlüssel vom Geschäft herum und gehe zu meinem Auto. Bevor ich jedoch einsteige, lege ich meine Tasche auf den Rücksitz, nehme die Einkaufstragebeutel heraus und schließe das Auto wieder ab, weil ich im benachbarten **Supermarkt** noch einige Dinge einkaufen will.

Ein paar Meter neben mir am Straßenrand quietschen plötzlich die Reifen eines Autos. Erschrocken bin ich im Begriff mich nach dem Geräusch umzudrehen, da werde ich auch schon unsanft und mit aller Gewalt zu Boden gerissen. Fürchterliches Getöse! Mit Maschinenpistolen bewaffnete Männer in Skimasken, Helmen und schwarzen Kampfanzügen schreien lautstark durcheinander. Sie tragen so etwas wie schusssichere Westen, auf deren Rücken die weißen Buchstaben „SEK“ stehen. Sie brüllen sich und mir Befehle zu. Einer reißt mir die Arme auf den Rücken. Handschellen klicken um meine Handgelenke und so brutal, wie ich umgerissen wurde, werde ich nun auf die Füße gestellt und in den schwarzen Van geschoben, wo man mir als erstes einen undurchsichtigen Stoffsack über den Kopf zieht. Ich versuche zu fragen, was das zu bedeuten hat. Dieser Ansatz wird aber nur mit „Schnauze halten, sonst gibt’s was auf die

Fresse!“ abgetan. Die Schiebetür rollt in ihr Schloss und der Wagen setzt sich wieder mit quietschenden Reifen rasant in Bewegung. Mir wird durch die Orientierungslosigkeit kotzübel. Ich spüre lediglich die hektischen Bewegungen des Fahrzeugs und den Druck der beiden Männer rechts und links neben mir. Der Sack über meinem Kopf stinkt nach Öl. Vielleicht ist es Waffenöl.

Der erste Schreck ist überstanden und mir gelingt es, wieder etwas klarer zu denken. Mir wird bewusst, dass dies keine glückliche Lage ist, in der ich mich hier befinde. Ganz im Gegenteil! Haben die mich mit jemandem verwechselt? Ist jemand aus dem **Knast** ausgebrochen? Ich kann meine eigenen Fragen unter diesem Druck nur völlig unzureichend formulieren, geschweige denn beantworten. Nur eine Frage schießt mir im Kopf hin und her: „Wird sich das hier aufklären? Das kann doch alles nicht wahr sein! Die müssen doch irgendwann merken, dass sie den falschen haben. Hoffentlich haben sie mir bis dahin nicht sämtliche Knochen gebrochen!“ Als ich erneut versuche, meine Fragen auch hörbar zu artikulieren, wird mein Mund über den Sack geknebelt, so dass ich nichts mehr sagen kann und auch kaum Luft bekomme. Dass dies die Situation für mich nicht entspannter macht, ist vorstellbar. Und mir ist ja zudem nach wie vor schlecht.

Außer diesen einen Satz „Schnauze und so weiter…“, den ich hörte, sagt jetzt niemand etwas. Vermutlich auch, um ihre eigene Identitäten nicht preiszugeben. Bis auf die Fahrgeräusche herrscht Totenstille im schwarzen Kleintransporter.

Am scheinbaren Ziel der „Reise“ stoppt das Auto und ich höre, wie sich langsam ein scheinbar großes Metalltor öffnet und sich nach langsamer Weiterfahrt wieder schließt. Kurze Kommandos folgen. Während das Tor offen ist, ertönt ein lauter schnarrender Signalton. Der Wagen fährt noch eine kurze Distanz, dann stoppt er mit abgeschaltetem Motor endgültig. Ohne meine Fesseln zu lösen oder den Sack von meinem Kopf zu ziehen, zerrt man mich aus dem Transporter irgendwo hin. Rechts und links stützen mich dabei zwei Beamte. Schließlich werde ich, so fühlt es sich jedenfalls an, auf einen Stuhl gesetzt.

Eine geraume Zeit später betritt jemand den Raum, in dem ich bis zu diesem Zeitpunkt allein sitze. Derjenige löst meinen Gebissknebel und zieht mir mit einem Ruck den schwarzen Sack vom Kopf. Da sich meine Augen in der ganzen Zeit an die völlige Dunkelheit gewöhnt haben, blendet mich das grelle Neonlicht schmerzhaft.

„Sie wissen, warum Sie hier sind!“ behauptet der Mann am anderen Ende des Tisches. „Und das hier wird vorläufig die Endstation für Sie sein.

Vermutlich für sehr, sehr lange Zeit!" fügt er nach kurzer Pause hinzu. Mir wird erneut schlecht bei dem Gedanken. Kann denn das wahr sein? Was soll das hier alles? „Wo bin ich hier? Und wer sind Sie?" frage ich ihn. Er lacht hämisch „Was denken Sie? Im Müttergenesungsheim? Und wer ich genau bin, das werden Sie früh genug erfahren!" Er lacht noch mehr. „Mann, Sie haben vielleicht die Aufschrift auf den Uniformen nicht gesehen? Da steht S E K drauf!" buchstabiert er langsam und überdeutlich. „Sie befinden sich in Gewahrsam des Bundesnachrichtendienstes! Der Ort bleibt vorerst unser Geheimnis. Wie finden Sie das?" Natürlich will er nicht, dass ich darauf antworte. „Und hier bleiben Sie vorerst auch! Haben Sie sich selbst zuzuschreiben!"

Ein entsetzliches Gefühl der Hilflosigkeit macht sich in mir breit. „Wir gehen jetzt erst mal ein paar Fragen zu Ihrer Person durch" beginnt er nach kurzer Pause. Er liest meine Personendaten vor, so dass ich sie ihm Zeile für Zeile bestätige. Erstaunlicherweise waren das wirklich meine Daten, die nun noch durch meine Fingerabdrücke komplettiert werden. Bis ins Detail liegt ihm alles vor. Mein gesamter Lebenslauf. Es muss also doch etwas ganz anderes sein als eine schlichte Verwechslung. Sollte ich mich nun darüber freuen oder doch eher besorgt sein? „Später sehen wir weiter." Mit diesen Worten verlässt er den Raum, der aus schlichten grauen Betonwänden besteht. Es ist Sommer und ich bin im kurzärmligen Hemd unterwegs. Dieses Verlies hat vermutlich noch nie einen Sonnenstrahl gesehen. Vielleicht befinden wir uns im Keller eines Gebäudes. Jedenfalls ist mir kalt und meine Hände sind noch immer auf dem Rücken mit Handschellen gefesselt. Auf meinen Armen manifestiert sich sichtbar eine Gänsehaut. Es dauert eine gefühlte Ewigkeit, bis wieder jemand den Raum durch dessen einzige Tür betritt. Ein Polizist fordert mich auf, mitzukommen. Wortlos führt er mich durch Gänge, an deren Decken Rohre entlang laufen. Neonlampen erhellen die Betonwände dieser Katakomben. Keine einzige Öffnung, durch die auch nur die Spur von Tageslicht einfallen könnte. Schließlich kommen wir zu einer Gefängniszelle ohne Fenster, in die er mich schiebt. Endlich befreit er mich auch von den Handfesseln und ich kann wenigstens meine Arme nach kurzer Eingewöhnung wieder bewegen. Hinter mir fällt die schwere Stahltür ins Schloss und innen gibt es keine Klinke. Ein äußerst beklemmendes Gefühl! Eine Blechkloschüssel, ein ebenso aus Edelstahl bestehendes Waschbecken und eine schlichte fest montierte Pritsche sind das gesamte Inventar dieses „Apartments". Eine surrende Deckenleuchte sorgt für das einzige Licht. Die schon tausendfach durch meinen Kopf schwirrenden Fragen rasen ohne Unterbrechung kreuz und quer durch mein Gehirn und bringen mich bald um den Verstand. Was meint der Mann mit „selbst zuzuschreiben“? Was soll denn der Grund für die ganze Aktion sein? Was meint er mit „…für sehr, sehr lange Zeit“? So sitze ich auf der Liegepritsche und grüble darüber nach. Meine Armbanduhr haben sie mir nicht abgenommen. So kann ich zumindest sehen, wie spät es ist. Ich werde nun schon seit achtzehn Uhr mit diesem Irrsinn konfrontiert und jetzt ist es schon zweiundzwanzig Uhr! Was ist zu Hause los? Meine Frau wird sich Sorgen machen und sich vielleicht auf die Suche begeben. Ich kann sie nicht mal anrufen, denn auch das Telefon wurde beschlagnahmt und zur Auswertung mitgenommen. Ich weiß gar nicht, was darin ausgewertet werden soll…

Ich liege zusammengekauert und werde durch den Lärm der Stahltür unsanft aus dem kurzen Schlaf gerissen, gefolgt von erneutem Gebrüll und Befehlen. Fünf Uhr. Ich hätte gar nicht gedacht, dass es mir überhaupt gelingt, unter diesen Bedingungen einzuschlafen. Wieder werde ich in den nüchternen Verhörraum gebracht. Der Mann von gestern, dessen Namen ich nicht kenne, vergeudet keine Zeit mit Höflichkeitsfloskeln wie „Guten

Morgen!“ oder ähnlichem. Ich bekomme auch kein **Rührei** oder gar Kaffee. Wieder redet er in diesem schroffen Ton mit mir und fragt mich über ein geplantes Attentat aus. Ich weiß überhaupt nicht, wovon er spricht und auf wen ich so einen Anschlag verüben sollte. Aber er lässt nicht locker und unterstellt, dass ich darüber genauestens Bescheid wüsste.

Nun kommt ein weiterer Mann dazu, der zivil gekleidet ist und sich als Staatsanwalt Rippach vorstellt. Er sitzt seitdem stumm dabei und beobachtet das Verhör, das nebenbei auch durch eine Kamera in Wort und Bild aufgezeichnet wird. Nach einer Weile verlässt er das Zimmer und kommt kurze Zeit später mit zwei Kaffeebechern zurück. Einen stellt er auf meiner Seite des Tisches vor mir ab. Der bis dahin gesprächsführende Uniformierte wirft ihm einen missfallenden Blick zu, klappt seine Akte zu und verlässt darauf den Raum mit hinter sich ins Schloss knallender Tür. „Ich bin nicht damit einverstanden, wie man Sie hier behandelt.“ spricht mich nun der Staatsanwalt mit ruhiger Stimme an. Nach dem bisherigen Ablauf der Befragung ist das fast Balsam auf meiner Seele. „Mag alles sein wie es vielleicht ist, aber so muss man nicht miteinander umgehen.“ ergänzt er. „Lassen Sie uns ganz offen über alles reden, sonst kommen wir hier doch nicht weiter. Und wir wollen das hier doch nicht mehr in die Länge ziehen als notwendig. Sie wollen doch nach Hause, oder?“ Woher diese Wendung, denke ich. Jetzt folgt wohl das Kapitel „Good Cop - Bad Cop“. Habe ich doch schon tausend Mal im Fernsehen gesehen. Ich versichere ihm, von dem, was mir vorgeworfen wird, keine Ahnung zu haben. Ich bin an nichts beteiligt. Ich war an den genannten Orten nicht zu dem Zweck, der mir unterstellt wird. Ich habe auch keine Komplizen, die mir bei irgendetwas hätten helfen können. Man müsse mich mit irgendjemandem verwechseln. Zwischendurch genieße ich schluckweise den Kaffee, der mir ein Stück Vertrautheit zurückgibt.

Die Tür wird aufgerissen und der andere Beamte steht wieder im Raum. Ohne Worte wirft er einen weiteren Aktenordner auf den Tisch, der mit lautem Krach auf diesem landet. Er setzt sich, öffnet den Hefter und präsentiert mir erstaunlicherweise Fotos von fünf guten Freunden. „Aha.“ meint er. „Die wollen Sie also alle nicht kennen? Das können Sie erzählen, wem Sie wollen! Vielleicht glaubt der Herr Staatsanwalt das ja.“ Er läuft wie ein Eisbär im Käfig um den Tisch herum und im Raum auf und ab. „Uns liegen da aber auch die Aussagen Ihrer Komplizen vor! Was sagen Sie nun? Die behaupten alle, mit Ihnen befreundet zu sein!“ Ich versuche in viel zu umständlichen Worten, mich zu rechtfertigen und das Missverständnis aufzuklären, als die Tür erneut aufgerissen wird. Von ein paar Männern in diesen schwarzen SEK-Kampfanzügen werden einige Leute in den Raum geführt und an der Wand aufgestellt, die sich mir direkt gegenüber befindet. Alle haben die Hände auf dem Rücken und tragen die gleichen schwarzen Säcke über den Köpfen, wie ich es auch kennenlernen musste. Der Staatsanwalt und der Verhörführende setzen sich so an den Tisch, dass ich freie Sicht auf die fünf Leute habe. Einer der Bewacher zieht nun die Säcke von den Köpfen und ich blicke in die Gesichter, deren Fotos in diesem Moment noch vor mir liegen. Plötzlich fangen alle an zu lachen. Es platzt geradezu aus ihnen heraus. „Herzlichen Glückwunsch zum Geburtstag!“ rufen sie aus einem Munde. „Das ist ein Abenteuer-Event von einer bekannten Event-Agentur. Haben wir dir mal zum Geburtstag geschenkt. Sollte ja mal was besonderes sein…!“

**Bewohner – Megafon – Majestät**

Ein richtig schönes romantisches Schloss befindet sich gar nicht weit entfernt direkt vor den Toren der Stadt. Es ist ein wahrer Touristenmagnet und steht schon länger auf unserer Ausflugsplanungsliste. Heute passt es. Schönes Wetter und Lust auf Schlossbesichtigung fallen heute bei uns zusammen. Also machen wir uns auf den Weg, um ein paar schöne Erlebnisse in uns aufzusaugen. Dort werden natürlich auch professionelle Führungen angeboten, aber wir entscheiden uns dann doch für einen selbstständigen Rundgang. Zwar erfährt man bei so einer Schlossführung viel mehr über die Geschichte des Gebäudes und ihrer **Bewohner** als bei einer individuellen Besichtigung, dafür kann man jedoch die Impressionen stärker auf sich wirken lassen und an den Orten länger verweilen, an denen wir es für sinnvoll halten.

Da erfahrungsgemäß solche gern bereisten Ziele an den Wochenenden recht überlaufen sind, entscheiden wir uns für einen Tag in der Woche. Die meisten Leute müssen an so einem Werktag arbeiten, was uns hier einen gewissen Freiraum bietet. Auch für unser kulinarisches Wohl ist gesorgt. Anliegend gibt's ein nettes kleines Café, in das wir anschließend einkehren werden, um die Eindrücke noch mal Revue passieren zu lassen.

Wir betreten das prunkvolle parkumsäumte Haus, das im ausschweifenden Rokoko-Stil erbaut wurde. In dieser Kunstepoche konnte nichts verspielt genug sein, alles scheint unter Verzierungen fast zusammenzubrechen, aber trotz aller Überladung mit Prunk und Pracht vermittelt der Gesamteindruck immer noch eine gewisse Leichtigkeit. Anders als im Barock stehen Tische auf zierlichen goldumrankten Beinchen. Die Wandgemälde zeigen Menschen, deren Wohlstand man nur mit völliger Erblindung übersehen könnte. Jedes Ding, jede Stofffalte der üppigen Vorhänge, jede Goldranke ist eindrucksvoll inszeniert. Nicht ein Stäubchen liegt hier zufällig.

Durch den Eingang, der nur eines solchen Schlosses würdig ist, gelangen wir ins Innere. Schon hier im Entré werden wir von Ehrfurcht erfüllt! Gleich im ersten Raum überwältigt uns ein aufwändig gestalteter Parkettfußboden, der nach heutigen Maßstäben das Produkt einer jahrelangen akribischen Feinarbeit ist. Wie lange hat man wohl allein daran gebaut? Handwerkerszenen spielen sich vor meinem inneren Auge ab. Augenblicklich verstehen wir auch, warum wir unsere Straßenschuhe zwar anbehalten dürfen, sie aber zusätzlich in überdimensionierten Filzlatschen verbergen müssen. Wir sehen Öfen, die diesen schlichten Namen nicht verdienen. Das sind wahre

Luxusfeuerstellen, die wohl mehr die Mission haben, schick auszusehen als für wirkliche Raumwärme zu sorgen. Die Leuchter sind neben ihrer Hauptaufgabe der Optik ihrer Zeit verpflichtet. Die Schlafgemächer sind auch interessant und zeigen eine Besonderheit der Zeit. Die Betten der einstigen Bewohner sind verhältnismäßig kurz. Sicher waren die Menschen damals insgesamt kleiner, was erwiesen scheint. Aber dies ist nicht der alleinige Grund dafür. Nein, man glaubte früher, der Schlaf wäre der „kleine Bruder des Todes". Deshalb wurde nicht völlig waagerecht liegend geschlafen, sondern in einer halbsitzenden Position, ausgefüttert mit diversen Kissen. All das, um sich nicht fast tot zu fühlen...?

So setzt sich die Besichtigung fort und wir kommen nicht aus dem Staunen heraus. Welcher Reichtum musste sich hier seinerzeit gebündelt haben, um so etwas Ausschweifendes anfertigen zu lassen? Schließlich kostete Grßartiges auch damals schon Unsummen. Natürlich hat man hier und da schon davon gehört, wie das Volk geknechtet wurde, um Geld einzutreiben und auch mit solchen Bauwerken seine Macht plakativ zu demonstrieren. Trotzdem sind wir fast erschlagen von den Eindrücken, die hier auf uns wirken.

Wir durchschreiten Raum für Raum der Edelgemächer. Immer wenn wir meinen, dass etwas nicht mehr steigerungsfähig wäre, werden wir im nächsten Zimmer eines Besseren belehrt. Immer öfter treffen wir nun auch Leute in authentischen Kostümen aus der Zeit des Schlossherren. Hat man hier extra Komparsen beschäftigt, um den herrschaftlichen Rahmen erlebbarer zu gestalten? Manche der Verkleideten schauen uns an, als ob wir aus der Zeit gefallen wären. Als wären wir es, die „anders“ gekleidet sind. Manchmal spüren wir direkt ihre Blicke, mit denen sie uns abschätzig mustern.

Wir durchstreifen das alte Haus gemächlich und versuchen, keinen Raum auszulassen. Natürlich wiederholen sich verschiedene Stilelemente und die in uns aufgenommene Vielfalt der ganz und gar nicht schlichten Architektur erdrückt uns fast. Trotzdem setzen wir unseren Weg durch die Räume in diesen großen Überpantoffeln fort und erobern für unsere Gemüter die nächsten Zimmer. Plötzlich stehen wir in einem Festsaal. Kaum öffnen wir diese große Flügeltür, stehen schon viele Kameras und Scheinwerfer, die auf uns gerichtet sind. Eine Unmenge Menschen hinter den vielen Kameras und den Scheinwerfern scheinen nur auf uns gewartet zu haben. Drumherum sind noch viel mehr Leute mit was auch immer beschäftigt. Jeder von ihnen hat die entscheidende Aufgabe, ohne die sich die Welt nicht weiter dreht. Vor unseren

Augen knallt eine Szenenschnittklappe. Ein langhaariger bärtiger Mann in scheinbar sonderbar zusammengestellten Trödelmarktklamotten, dessen einzige Aufgabe es zu sein scheint, auf einem Klappstuhl zu lümmeln, ruft uns „Action!“ durch ein **Megafon** zu.

Alle starren uns erwartungsvoll an. Stille. Der Klappstuhlmann sieht uns noch fragender an als alle anderen: „Also woas denn? Hoabts den Tekscht net draaf? Und woas sinds des für komische Fummel doa oan Eich? Woa bin i denn hioa? So koann i do net oarbeidn! - Klappe!“

Wir schauen zuerst uns gegenseitig an, dann unsere Outfits und dann den Kerl auf dem Stuhl. Was hat das denn hier zu bedeuten? „Joa, woas is jetzt? Erscht zu spät koamma, doan net moal in die Garderobe gschoafft. Von der Maskeh goanz zu schweeign.“ Trägt er in feinstem Wiener-Schmäh vor. „Und den Tekscht habts oah net im Koopf! Joa mei, woas mia hioa für Stoatistn gschickt bkomma… Jetzt moachts eich gschwind fertig, hörts mi! Ab, aboa schneell! Un doa seits in oallerspäteschtens fünf Minudn hioa! Mit eirm Tekscht! Die poar Worte bkommts woahl hi, odoa?“

Dreharbeiten, wird uns augenblicklich klar! Was nun? Die halten uns für irgendwelche Darsteller. „Wie war noch mal unser Text genau?“ frage ich zögerlich. „Joa Himmeel, des isch doa oalles net woahr! Sinds zu bdeppoart, um sich ´Guten Tag, Eure **Majestät**!´ zu merkehn? Und des beideh noachoarnandehr!“

Schön, wir lassen uns kurzerhand in die Künstlergarderobe bringen, in Windeseile stylen und umkleiden und stehen nach kürzester Zeit erneut vor den Scheinwerfern und dem Regisseur. Wieder klappt das Szenenbrett: „Action!“

„Guten Tag, Eure Majestät!“ sagt sie. „Guten Tag, Eure Majestät! sage auch ich hinterher in die Linse der auf uns gerichteten Kameras und wir verneigen uns vor einem imaginären Gegenüber. „Dankeh! Geht doach! Des woars doch schoan für heiteh. Die Stoatistn: nehms Ihoar eureh Goaschen oam Hindoarausgoang in Empfoang.“

Unsere Besichtigung nähert sich eh dem Ende und so richtig aufnahmebereit sind wir nach dieser Kulturüberflutung auch nicht mehr. Wir verständigen uns wortlos und begeben uns noch in den Kostümen zum beschriebenen Hinterausgang, wo wir unsere Gage ausgezahlt bekommen. Kaum genug, um davon in Reichtum zu schwelgen, aber der Schlossausflug, die Anreise und der anschließende Kaffee auf Kosten der Filmgesellschaft in ausschweifenden Rokoko-Kostümen springt dabei allemal raus…

Das nenne ich Erlebnisausflug!

## Oldtimer – Abreißkalender – Brandbomben

Letzte Woche habe ich es endlich geschafft, den betagten **Oldtimer** an den Mann zu bringen. Jetzt ist wieder etwas mehr Platz in der Garage und ganz nebenbei ist der resultierende Geldsegen ja auch nicht zu verachten. Weil es aber bei derartigen Geschäften üblich ist, den Handel mit Bargeld abzuschließen, habe ich davon nun eine beträchtliche Summe an Fünfzig-Euro-Scheinen zu Hause liegen. Ich bin dafür nicht altmodisch genug, es in den eigenen vier Wänden unters Kopfkissen zu legen. Ich bringe unser Geld immer lieber zur Bank. Lass die doch damit arbeiten und es sich meinetwegen für sich vermehren. Ich weiß aber wo es ist und kann jederzeit und von jedem Ort darüber verfügen. Zu Hause kommt es eher unter die Räder. Entweder unter die eigenen oder es lockt Diebe an. Also ab damit zur Bank.

Es gibt dafür, damit man sich nicht am Schalter anstellen zu muss, einen Einzahlautomaten. Diese Dinger sehen wie herkömmliche EC-Automaten aus, nur das Menü ist ein anderes und das Geldfach ist größer, damit bei Bedarf auch eine größere Anzahl Banknoten eingelegt werden kann.

In der Firma haben wir seit kurzer Zeit einen neuen Kopierer. Ein wirkliches High-End-Gerät. Er kopiert Fotos in beeindruckender Schärfe! Die

Ausdrucke sind so hochwertig, dass man hierbei tatsächlich von Profi-Qualität sprechen kann. Die Verlockung ist einfach zu groß! Die Geldscheine müssen da durch. Ich will mir damit einen schon sehr lange gehegten Wunsch erfüllen. Einmal im Kreise der Kollegen eine kubanische Cohiba-Zigarre mit einem Fünfziger anzünden. Natürlich sollen die Neider nicht bemerken, dass es sich um Kopien handelt. Deshalb vervielfältige ich jeden Schein akribisch beidseitig und einzeln, damit die Seriennummern den Originalen entsprechen und nicht doppelt auftauchen. Ich will dann auch noch ein paar Blöcke zusammenleimen, die wie ein **Abreißkalender** funktionieren. Bestimmt würden mir auch noch andere Scherzartikel einfallen, die ich daraus basteln kann.

Das stundenlange Kopieren und Ausschneiden haben sich gelohnt! Die Bündel „Fuffi's" sehen so täuschend echt aus. Ich freue mich schon diebisch auf die blöden Gesichter meiner Kollegen und deponiere die mit Banderolen gebundenen Stapel in einem Schuhkarton zu Hause im Schrank. Wenn ich Zeit und Muße habe, werde ich mich an die Arbeit machen und die Abreißblöcke verleimen.

Heute werde ich mir den Karton vornehmen und diese Bündel zu Blöcken leimen. Dazu presse ich die Scheine genau auf Kante gelegt mit einer

Schraubzwinge so zwischen zwei Brettchen zusammen, dass ihre schmale Seite herausschaut. Anschließend trage ich auf die so entstandene Fläche einen Kleber auf, der nach seiner Trocknung eine gummiartige Konsistenz annimmt. Oben auf den Stapel habe ich zwei echte Scheine mit verleimt. Ich werde damit beim Treffen mit den Kollegen in der Gaststätte bezahlen. Der Kellner wird natürlich die Echtheit bezweifeln und die Scheine heimlich hinter dem Tresen auf ihre echtheit prüfen. Da dies deren Echtheit sicher bestätigen wird, werden auch die anderen Scheine des Blocks in den Augen meiner lieben Kollegen tatsächliche Banknoten sein.

Eigentlich vollkommener Blödsinn, aber ich kann mich darauf freuen wie ein kleiner Junge auf sein neues Spielzeug. Einfach in der Kneipe ein paar nagelneue Fünfziger vom Block reißen, um zu bezahlen. Der Moment und die Blicke sind dafür unbezahlbar! Das ist wirklich die ganze Mühe wert!

Aber wo ist der Schuhkarton hin? Merkwürdig. Ich habe ihn doch genau hier hineingestellt. Ich beginne nach einiger Sucherei an mir zu zweifeln. War es wirklich genau hier? Dieser Schrank? Oder wollte ich das nur und bin irgendwie davon abgekommen so wie schon manchmal? Mein Gott, so fängt es bestimmt immer an…

Am Abend kommt meine liebe Frau nach Hause. Da mich diese Suche nach diesem verdammten Karton schon den ganzen Tag beschäftigt, frage ich sie sofort, ob sie ihn irgendwo gesehen hätte. Und das noch bevor ich ihr angemessen „Guten Tag!“ sage. „Ich war heute früh bei der Bank. Heute lag das auf meinem Weg. Und hier im Schrank werden die Scheine auch nicht besser. Du weißt doch, die haben da diesen Einzahlungsautomaten.“ erwidert sie. Mir wird abwechselnd heiß und kalt. Mir schießen so viele Gedanken durch den Kopf, wie die Polizei vor der Tür steht und uns in Handschellen mitnimmt. Was habe ich nur angerichtet!?

Sie fährt fort, während sie ihre Straßenschuhe gegen Hauslatschen tauscht: „Nur eins war wirklich komisch. Der Automat hat alle Scheine geschluckt, aber zum Schluss stand auf der Quittung, dass einige Scheine zur genaueren Prüfung aussortiert wurden und gegebenenfalls eingezogen werden. Auch seltsam, dass es absolut alle Geldscheine betrifft. Das gesamte Geld! Einzelne sind ja immer mal dabei und werden später gutgeschrieben. Aber alle??? Merkwürdig!“

Meine aufkommenden Ängste werden dadurch nicht im Geringsten abgeschwächt. Nein, genau im Gegenteil! Was, wenn die Bank den „Betrug“ feststellt und entsprechend zur Anzeige bringt?

Schließlich werden die Einzahler am Automaten durch die Automatenkarte und ihre PIN identifiziert. Unzählige Male wünsche ich mir seitdem, dass ich mit den Originalen niemals zum Kopierer gegangen wäre! Hätte ich doch diesen Blödsinn gelassen! In welche Situation bringe ich uns damit! Jetzt hilft nur Abwarten, oder sollte ich das Ganze aufdecken und mich bei der Bank stellen? Ich könnte das Versehen, was es im Eigentlichen ja auch ist, vielleicht erklären. So zermartere ich mir den Kopf und finde auch in der darauffolgenden Nacht keinen Schlaf. Hin und her wäge ich ab, was die bessere Lösung ist und wie wir vielleicht aus dem Problem herauskommen, ohne zu großen Schaden zu nehmen und komme zu dem Schluss, es auszusitzen. Ein Versehen kann ich vielleicht auch später noch einräumen.

Bereits am übernächsten Tag erhalten wir einen Brief von unserer Bank. Erneut ist mein Kopf randvoll mit Fragen ohne die dazu passenden Antworten. Wieder wechseln meine Körpertemperaturen und meine Gesichtsfarbe im Sekundentakt. Was mag da drin stehen? Vielleicht die Aufforderung „Bitte kommen Sie dringend in unsere Filiale zur Klärung eines Sachverhalts!"?

Nachdem ich das Sachreiben eine zeitlang auf dem Küchentisch liegen lasse, öffne ich es schließlich doch. Ich bin sprachlos! Ich lese das

Anschreiben mehrmals, um ein Falschverstehen auszuschließen.

Die Bank teilt uns darin mit, dass sie die eingezahlten Scheine keiner genaueren Prüfung unterziehen könne, da es einen Brandanschlag auf den Automatenraum der Bank gab. Nachdem es den Tätern nicht gelungen sei, die Automaten aufzubrechen, wobei sie keinen Unterschied zwischen Ein- und Auszahlungsautomaten machten, hätten sie schließlich die Maschinen mit **Brandbomben** attackiert. Der größte Teil allen Bargelds erlitt dabei offenbar einen Totalverlust. Dadurch könne man die Geldscheine ihrem Einzahler nicht mehr eindeutig zuordnen und entsprechend auch nicht mehr auf ihre Echtheit prüfen. Somit schreibt man die elektronisch übermittelte Einzahlungssumme entsprechend dem erstellten Beleg unserem Konto gut. Die haben uns wirklich das gesamte bedruckte Kopierpapier in voller Summe angerechnet! Die vollen dreißigtausend Euro! Ich kann es gar nicht fassen, zumal die echten Scheine ja auch noch da sind.

Super Trick! Super Kopierer! Super Magnesium-Brandsatz! Gut, dass ich früher im Chemieunterricht aufgepasst habe…

## **Kindergarten – Milchkaffee – Schokoglasur**

Als ich die Straßen entlangschlendere, die ich als Kind oft gegangen bin und die zu meinem Nachhauseweg aus dem **Kindergarten** gehörten, komme ich an einem markanten Punkt aus dieser Zeit vorbei. Ich stehe an der Kreuzung und schaue nach schräg gegenüber. Hier befindet sich der von mir so genannte "Rote Bäcker“. Natürlich ist hier weder der Bäckermeister von auffällig roter Hautfarbe, noch war es das damalige Verkaufspersonal oder etwa die Backwaren. Nein, es war der hölzerne Rahmen des Schaufensters und die links daneben platzierte Eingangstür samt ihrer drei Stufen, die man bewältigen musste. Aus heutiger Erinnerung und Erfahrung würde ich die Lackfarbe als karminrot bezeichnen. Sie hob sich vom Rest des gesamten Straßenbildes ab, das mehr oder weniger in graubraun gehalten war. Das ist der Ton, den die alten zementverputzten Fassaden mit der Zeit annehmen, die eine sehr lange Zeit dem Wind, dem Wetter und dem Schmutz der Abgase an dieser vielbefahrenen Straße ausgesetzt sind. Bestimmt sah das früher mal neu errichtete Gebäude und auch der Rest der Straßenfront zu Zeiten ihrer Errichtung lange vor dem ersten Weltkrieg sehr schick aus. In den Sechzigerjahren aber gaben sie einen eher deprimierenden Anblick, gezeichnet von bewegten Zeiten und dem Mangel an Materialien zu ihrer Sanierung. Lediglich aufgelockert durch das kräftige Rot der Bäckerei. Heute ist die Schaufensterfront zwar größer als damals, aber schlichter und irgendwie schmucklos. Und auch nicht mehr rot!

Ich kann trotzdem nicht widerstehen. Ich überquere die Straße schräg auf dem kürzesten Weg und muss einfach hineingehen. Es riecht unvorstellbar gut! Die Aromaen der Backzutaten erfüllen die Luft im Laden und reichern sie mit ihren Aromen an. Ein wohliger Duft von erhitztem Mehl, von Hefe, Karamell und Erdbeermarmelade komponiert die Atmosphäre, die augenblicklich Erinnerungen aus meiner Kindheit zurück ins Heute ruft. Abgerundet mit dem Bouquet frisch zubereiteten Kaffees.

Vor meinem inneren Auge laufen Bilder, nein, ganze Filme ab. Der Hausmeister des damaligen Kindergartens kam immer mittwochnachmittags mit dem aktuellen Kuchen in die Küche, den er vom nur dreihundert Meter entfernten sogenannten „Roten Bäcker“ holte. Mittwochs war immer „Kuchentag“! Einmal pro Woche gab es deshalb zur Kaffeezeit zum Beispiel Spritzkuchen, ein anderes Mal Amerikaner oder Eclairs anstelle der sonst üblichen Marbeladenstullen. Aber auch hin und wieder leckeren Blechkuchen. Darunter

Streußel- oder Zuckerkuchen, aber auch der von mir so heiß geliebte Bienenstich. Im Gegesatz zu damals würden wir heute sagen, dass es nichts Besonderes sei. Als Kind war das aber ein ganz besonderer Genuss! Gedeckt war der überhaupt nicht trockene Teigboden mit einer mir nicht bekannten Zusammensetzung aus Zucker, Honig, Kokosraspeln und einigem mehr. Der Mann im braunen Kittel, der eigentlich dafür verantwortlich war, Stühle, Tische und sonstiges Mobiliar und Spielzeug zu reparieren oder den Sandkasten von Laub zu befreien, war an diesen Tagen eine besonders beliebte Prominenz! Er balancierte die Bleche mit dem Kuchen durch die aufgeregte Kinderschar quer über den Spielplatz auf nach oben ausgestreckten Armen, sodass wir Kleinen die Leckereien ausschließlich an ihrem Duftschweif zu erahnen versuchten. Erstaunlich, dass wir ihn nicht vor Erreichen des Gebäudes schon zu Fall brachten. Wir hingen wie kleine hungrige Äffchen an seinem Kittelsaum.

Ich erinnere mich an so manches. Auch aus dem Kindergarten. Aber gerade dieser Geruch setzt so starke Emotionen in mir frei, dass ich auf der Stelle und ohne vorher in der Auslage Ausschau danach zu halten, ein Stück Bienenstich bestelle. „Zum hier essen!“ füge ich hinzu, denn anders als damals kann man an drei kleinen Tischen Platz nehmen und seine frisch gekauften Backwaren sofort genießen. Es gibt auch einen Kaffee dazu oder wer es mag, kann sich auch belegte Brötchen bestellen. Ich bekomme postwendend meinen Kuchen auf einem kleinen Teller, den **Milchkaffee** dazu und einen Keks auf der Untertasse des Getränks. Als ich jedoch den Kuchen vor mir auf dem kleinen Tisch abstelle, bemerke ich, dass er ganz anders aussieht als in meiner Kindheitserinnerung. Obendrauf gab es keine Kokosraspeln, sondern Mandelblättchen. Also stehe ich auf und gehe zum Tresen. Dort frage ich die Verkäuferin: „Bitte sagen Sie, das ist der Bienenstich, den Sie hier im Angebot haben? Gibt's den nicht auch mit Kokosraspeln?“ „Nein.“ Meint sie. „Den gibt's ausschließlich so. Ist doch ganz normaler Bienenstich! Ich kann Ihnen höchstens noch den gefüllten anbieten. Der hat dann noch so eine Sahnepuddingschicht drin.“ Ganz normaler Bienenstich? Die Frau ist mit Sicherheit nicht in unseren Breitengraden aufgewachsen. Das ist der „normale“, den es überall gibt, seitdem wir ein geeintes Deutschland sind. Der schöne saftige Kokosraspel-Bienenstich von früher ist scheinbar mit der Wiedervereinigung, wie auch andere Dinge, unter die Räder der Geschichte geraten. „Schade!“ sage ich. „Das sollte man dringend ändern!“

Ich setze mich wieder und genieße meinen wirklich leckeren Kaffee. Dieser ist seit den lange vergangenen Tagen ein tatsächlicher Zugewinn! Aber den Kuchen esse ich etwas langzähnig. Nicht dass er besonders schlecht schmeckt, nein, nur an meinen Erwartungen geht er meilenweit vorbei. Und eine Kuchen-Offenbarung ist dieser auch nicht gerade…

Einige Zeit ist vergangen. Wieder bin ich in der Gegend und verspüre schon wieder diese Lust auf Kaffee und Kuchen. Die Bilder der Vergangenheit werde ich nicht ganz abschütteln können. Aber warum sollte ich auch? Es war doch eine schöne Kindheit mit tollen Erlebnissen und schönen inzwischen gefestigten Erinnerungen! Aber mehr als Bilder bewegen gerade Geruchseindrücke unser Erinnerungszentrum. So muss es Hunden gehen, die ja im Vergleich zu uns Menschen mit einem noch tausende Male besser funktionierenden Sinnesorgan ausgestattet und daher deutlich mehr geruchsorientiert sind. Wie mag deren Welt aussehen mit ihren Milliarden unterschiedlichen Düften und Gerüchen?

Ich betrete nun erneut diesen Bäckerladen und augenblicklich beginnt mein Kopfkino wieder seine Filmvorführung. Inzwischen sind die Rahmen der großen Schaufenster und die der Eingangstür wieder in dem markanten Karmin-Rot von früher gehalten, was mich wirklich sofort positiv stimmt. Mit einer farbigen Beschichtungsfolie kann man so viel tun! Die Luft im Inneren des Geschäfts bedarf jedoch keiner Veränderung! Sofort springt mein Gedächtniszentrum wieder an und verselbstständigt sich erneut. Ich kann es auch nicht lassen und bestelle zu meinem Kaffee wieder Bienenstich. Diesmal jedoch gleich mit dem Nachsatz „Den mit den Kokosraspeln bitte!“ Ich bekomme ihn ohne Widerspruch auf dem bekannten kleinen Teller gereicht. Die Verkäuferin bittet mich diesmal Platz zu nehmen und bringt mir beides zum Tisch. Auch der kleine Keks auf der Untertasse ist wieder dabei, nur diesmal einer aus meiner Kindheit. Ein Keks, der mit einer gezackten Tortenspritze aufs Blech gesetzt, dann hell gebacken und an einer Seite in **Schokoglasur** getaucht wurde. Die waren früher der Renner für jede Kaffeetafel. Und wenn mich mein Vater vom Kindergarten abholte und mit mir am Bäcker vorbeikam, schenkte mir die Bäckerin auch immer so einen. Derartige Freundlichkeiten gehörten, anders als heute, zum üblichen zwischenmenschlichen Umgang. Genau wie die Scheibe Bierschinken oder die Wiener beim Fleischer.

Ich genieße den kokosraspeligen Bienenstich und bestelle mir aus tiefer Zufriedenheit gleich noch ein Stück! Manchmal ist es gar nicht so schlecht, wenn einem selbst so eine Bäckerei gehört…

## Kehle – Bewusstlosigkeit – Säbelzahntiger

Vorgestern noch fast platzend vor Tatendrang, übernimmt heute ein starkes Unwohlsein die Herrschaft über mich. Der Rachen beginnt rau zu werden und beim Schlucken zu schmerzen. Wiederholtes Niesen und eine ständig triefende Nase lassen meinen Taschentuchverbrauch rapide ansteigen.

Ich fühle mich schlapp. Meine Energie scheint vollends verflogen zu sein. Im Allgemeinen freue ich mich auf mein Frühstück. Dies stellt, wenn es irgendwie machbar ist, mein erstes Wohlfühl-Highlight des Tages dar. Aber heute ist alles anders! Mir fehlt jeglicher Appetit, was mit einem ebenfalls abhandengekommenen Geschmackssinn zusammenhängen kann. Die verstopfte Nase macht das Atmen schwer, das auch deshalb nur noch durch den Mund stattfindet. Dies wiederum verschlimmert die kratzenden Erscheinungen in meiner **Kehle**. Ich bin scheinbar in einem Teufelskreis gefangen, aus dem es kein Entkommen gibt.

Die Situation verschlechtert sich zusehens. Fieber stellt sich ein und ich gerate schnell an die Grenzen meiner Belastbarkeit. Mindestens achtunddreißig Grad, schätze ich. Der Schreck fährt mir in die Glieder, als sich mein Verdacht nach der Messung bestätigt. Luftknappheit gesellt sich zu den ohnehin bedrohlichen Symptomen. Inzwischen wird nicht mal mehr mit Taschentüchern meine Nase frei. Ein wirklich unangenehmes Gefühl der Hilflosigkeit durchströmt mich! Eins kommt zum anderen. Nun rundet auch noch Schlaflosigkeit das Krankheitsbild ab. Was soll denn noch alles kommen?

An Arbeitsfähigkeit ist gar nicht zu denken, was mir mein Arzt auch bescheinigt. Hier geht's erstmal um das nackte Überleben! Ich sollte vielleicht meine Dinge ordnen, bevor ich möglicherweise in eine tiefe **Bewusstlosigkeit** falle und nichts mehr in meinem Sinne regeln kann. Ich habe inzwischen furchtbare Angst und würde gern meine Freunde noch einmal sehen. Ich wollte nie, dass es unter solchen Umständen endet. Vielleicht sollte ich mich intensivmedizinisch behandeln lassen.

Wo ist meine Frau? Ich möchte sie gern an meiner Seite dicht bei mir haben, wenn es schon auf diese Weise zu Ende gehen muss.

Freunde machen mir Mut. Ich weiß, dass es gutgemeint, aber gelogen ist. Was sollten sie auch sagen? Keiner will in diese Situation geraten und sich am Krankenbett verabschieden müssen.

Die Katzen kommen ins Bett und kuscheln sich an. Sie suchen offenbar die Nähe. Tiere spüren ja oft ein drohendes Unheil viel eher und intensiver als wir Menschen mit unseren zurückentwickelten Sinnen. In den letzten vier Tagen haben sich meine Krankheitserscheinungen deutlich gesteigert. Fassen wir mal kurz zusammen: Geruchsinn weg. Geschmack weg. Der Hals schmerzt. Die Nase zu, ich bekomme keine Luft mehr. Fieber. Allgemeine Abgeschlagenheit, Husten und Kopfschmerzen. Irgendwie fühlt sich der gesamte Körper wie ein Wrack an. Seit gestern Abend sind scheinbar auch noch meine Gehörgänge verstopft, sodass ich mehr von meinem Körperinneren wahrnehme als die Geräusche, die von außen kommen. Was kommt als nächstes? Verliere ich auch noch mein Augenlicht?

Ich weiß nicht, wo mich dieses Desaster noch hinführt. Es ist mir unverständlich, wie man sich innerhalb kürzester Zeit dermaßen krank fühlen kann. In wenigen Tagen verändert sich das gesamte Leben. Mein Tag wird inzwischen von so starken Kopfschmerzen beherrscht, denen scheinbar meine Lebensfreude gewichen ist. Tabletten werden zum Grundnahrungsmittel und Tee scheint sich als meine einzige flüssige Kost zu etablieren. Schon der Gang zur Toilette wird für meinen Kreislauf zur Herausforderung und beraubt mich fast meiner Sinne. Froh, es anschließend wieder ins Bett geschafft zu haben und mich flach hinlegen zu können, überstehe ich die nächsten zwei Stunden.

Dank Komplex-Medikationen fällt das Fieber langsam unter die kritische Grenze von siebenunddreißig Komma acht Grad. Gefühlt stellt sich dadurch eine Besserung ein. Aber ich weiß ja, dass mir dies nur die schweren Fieberblocker vorgaukeln. Aber die Hoffnung stirbt ja bekanntlich zuletzt…

Tag sieben. Unerwartet tritt eine gewisse Besserung ein. Von diesem Phänomen habe ich schon gehört. Kurz bevor es wirklich vorbei ist, rappelt sich der Körper noch mal auf und mobilisiert alle Reserven. Vielleicht ein steinzeitliches Rudiment, um im letzten Moment noch dem **Säbelzahntiger** zu entkommen und es zurück in die Höhle zu schaffen, bevor sich der Geist in die ewigen Jagdgründe verabschiedet. Die Nase wird gelegentlich wieder durchlässig. Zumindest für eine kurzer Zeit kann ich die Luft etwas tiefer einatmen, obwohl der gesamte Oberkörper dabei schmerzt. Begrenzt wird dieser Teilerfolg sofort wieder durch den sich augenblicklich einstellenden Hustenreiz.

Inzwischen baue ich schon kurze Aufstehphasen in meinen Tagesablauf ein. Mal eine Stunde auf den Beinen kann ja nicht schaden. Dem Kreislauf tut es gut und erst recht meiner allgemeinen Mobilisation. Zudem sorgt es für weniger Muskelschwund in der Liegephase. Sollte mir doch schwarz vor Augen werden, habe ich es nicht weit bis zum nächsten Sitz- oder Liegemöbel. Ich kann es also riskieren.

Mein Optimismus kehrt nun zurück, wenn auch nur in ganz kleinen überschaubaren Schritten. Ich muss nur fest daran glauben, wieder gesund zu werden! Die mentale Einstellung wird in solchen Krisen oft unterschätzt. Die selbstregenerativen körpereigenen Kräfte müssen mit viel Willenskraft hervorgebracht werden, um wirken zu können. Verschiedene Kräutertees und Einreibungen, die ätherische Öle enthalten, tragen duch ihren Plazeboeffekt ebenfalls zur Erleichterung bei. Wenn alles gut verlaufen sollte, wäre vielleicht eine anschließende Reha angeraten. Ich werde meinen Hausarzt mal dazu befragen, wenn ich wieder einigermaßen hergestellt bin. Ich glaube jedenfalls fest an ein Leben nach dem Männerschnupfen! Der ist schon eine echte Geißel der (männlichen) Menschheit…

## Nachrichten – Krawatte – Kaffeetisch

Der Wecker meldet sich mit Musik. Ein neuer schöner Tag bricht an. Und das mit dem vorstellbar besten Wetter! Strahlend blauer Himmel. Die Sonne scheint. Während ich dusche läuft der Kaffee durch. Heute habe ich Lust auf Alles! Im Fernsehen laufen die neuesten morgendlichen **Nachrichten,** bis ich losfahren muss.

Die Dreiviertelstunde Fahrzeit mit dem Auto lässt mir die Zeit zur täglichen Selbstmotivation, die als Autoverkäufer durchaus nicht immer leicht fällt. Es gibt Tage, ja Wochen, in denen kein Kunde den Laden betritt, kein Umsatz generiert wird und das Telefon stumm bleibt. Das verursacht manchmal quälende Gedanken, woran es liegen könnte. Auch das Tagesgeschehen bleibt natürlich immer die Antwort schuldig.

Die landläufige Meinung, Autoverkäufer würden zu den Spitzenverdienern gehören, trägt zu einer anfänglichen Distanz zwischen Interessenten und Verkaufspersonal bei. Angefeuert wird dies zusätzlich durch die in den meisten Autohäusern geforderte Kleiderordnung. Weißes Hemd, Anzug und **Krawatte** stellt den Verkäufer un gewollt auf einen Podest und schafft Distanz. Schöner und offener wirkt nach meiner Meinung ein Gespräch auf Augenhöhe. Eine saubere Jeans und ein offenes Hemd oder Poloshirt können im Sommer den Abstand deutlich verringern und der Interessent fühlt sich von „Seinesgleichen“ beraten.

Heute ist ein besserer Tag. Zwei Frauen betreten den Laden und schauen sich fragend um. Als ich sie anspreche, schauen sie mich verwundert an. "Sie sind hier der Verkäufer? Sie sehen gar nicht so aus. Ich bin die ‚Frau‘, nicht der ‚Herr‘, wie Sie mich letztens am Telefon freundlicherweise nannten! Sie erinnern sich?"

Natürlich erinnere ich mich! Das erste Missverständnis gab es bereits bei der telefonischen Terminabsprache, bei der ich sie ihrer maskulinen Stimme wegen für einen vermeintlichen Mann hielt und sie mit ‚Herr‘ ansprach.

Nach der ersten kurzen Begrüßung nehmen wir am Beratungstisch Platz, um in eine entspannte Atmosphäre zu kommen. Jetzt ist erstmal Smalltalk angesagt. So frage ich sie im Laufe des Gesprächs, ob sie beide, wie sie vor mir sitzen, Schwestern sind. „Nein, das ist meine Mutter. Sehe ich so alt aus?“ fragt sie empört zurück. Ich übergehe diesen Einwand diskret, um mich nicht in Erklärungen verstricken zu müssen.

Während der Beratung ist etwas leichte Konversation manchmal hilfreich, um das Angebot passender gestalten zu können. Egal ob es Fragen zu Hobby, Sport oder Beruf sind. Alles ergänzt das

Gesamtbild. So spiele ich auf den schon deutlich sichtbaren Babybauch an: "Na, wann ist es denn soweit?“ Ich möchte ja sachkundig, interessiert und verständnisvoll erscheinen! „Vielleicht schon in drei Monaten?"

Anstelle der erwarteten Begeisterung über meine Anteilnahme kommen ein verfinsterter Blick und eine sehr kurze Antwort zurück: „Ich bin nicht schwanger! Nur einfach fett!“

Alarm! Ich bin im Schlusssprung in den nächsten Fettnapf gestolpert. Mit beiden Füßen gleichzeitig Bravo! Alle Regeln der Rhetorik sagen, jetzt nur schnell und ohne darauf einzugehen das Thema wechseln! Ich nehme mir vor, jetzt ist endgültig Schluss mit blöden Floskeln und dieser Gefühlsduselei!

"Könnten Sie mir bitte Ihren Namen verraten, damit ich das Angebot persönlicher gestalten kann und es später für Sie wiederfinde?", wechsle ich das Thema. "Könnte ich. Will ich aber nicht!"

Es geht doch nichts über ein offenes und zwangloses Gespräch mit dem Gegenüber...

Ich gebe mir alle Mühe, die Atmosphäre etwas aufzulockern und frage: "Hätten Sie Appetit auf eine Tasse Kaffee? Ich hole Ihnen gern eine!" Sie erwidert jedoch: "Ja. Appetit schon. Aber Kaffee trinke ich nur mit Zucker. Und davon werde ich noch fetter. Deshalb nein."

Na gut, denke ich. Ein einfaches 'Nein, danke!' hätte es ja auch getan und bleibe sitzen. Ich hoffe inständig, dass mein Gesichtsausdruck meine tatsächliche Stimmungslage nicht preisgibt!

"Und mich fragen Sie gar nicht?", wirft die in Begleitung zum Termin erschienene Mutter ein. „Muss ich auch erst ein Auto kaufen, um hier ein Getränk zu bekommen?“ Ich stehe natürlich auf und hole ihr Eine gut gefüllte Tasse. „Mann ist der voll! Der kühlt doch nie ab. Bis wann sollen wir denn hier sitzen?“

Die Tür öffnet sich und es erscheint noch ein weiteres fragendes Gesicht. Sein Blick streift in die Runde und findet schnell was er sucht. Er gehört zu den beiden Frauen und tritt an den Tisch zu ihnen heran. „Gibt's hier nur Sitzplätze für zwei Leute?“ Diesmal erwidere ich, imernoch in der Hoffnung noch einigermaßen höflich zu wirken „Guten Tag erst mal!“, was der neue Gast unbeeindruckt ignoriert. Stattdessen fragt er die Mutter meiner Gesprächspartnerin, wo hier der Kaffee steht. „Da hinten. Aber wenn du hier im Laden auch etwas kaufst, wirst du bestimmt gefragt…“ Wortlos setzt er sich selbst in Richtung **Kaffeetisch** in Bewegung.

Inzwischen sind wir mit der Aufnahme der persönlichen Daten doch einen großen Schritt weitergekommen, wofür ich die eine oder andere fast unüberwindbare Hürde nehmen musste.

Im Zuge der Verabschiedung frage ich nur noch schnell, ob ihr Vater bei der für übermorgen vereinbarten Probefahrt auch zugegen sein würde. Er würde dann nämlich auch seinen Führerschein benötigen.

„Das ist mein Mann!“ schleudert sie mir bei der Verabschiedung genervt entgegen. Die Frau ist sichtlich von meiner absoluten sozialen Inkompetenz entsetzt.

Dieser Tag kann ab hier nur besser werden…

## Radio – Handfeger – Jackentasche

Ich habe längst im **Radio** gehört, dass es letzte Nacht geschneit hat. Es gab schon ewig keinen Schnee mehr, aber heute gleich so viel, dass die Autos von oben aus dem Fenster wie Hügel unter Zuckerguss aussehen. Der erste Schnee des Jahres sieht immer so wunderschön aus und liegt wie eine weiche und strahlendweiße Schlafdecke über allem, was da draußen sonst vielleicht auch mal schmutzig aussieht. Auch die Geräusche, die von einer Großstadt immer wie ein ständiges Raunen ausgehen, werden weitgehend gedämpft.

Die Nachrichten und der Blick aus meinem Fenster veranlassen mich, etwas früher aus dem Haus zu gehen, um mein Auto vor dem Losfahren vom Schnee freizumachen. Das muss leider sein, auch wenn es ein hässliches Loch in die schöne geschlossene Schneedecke reißt. Sicherheit beim Fahren geht aber vor! Ein geeigneter **Handfeger** und warme Handschuhe liegen zu diesem Zweck bereits seit Tagen neben meiner Wohnungstür und warten auf ihren Einsatz.

Ich verlasse das Haus und gehe über die schneebedeckte Straße, die bereits erste Reifenprofile einiger der vorbeigefahrenen Autos abbildet. Die Sonne ist noch nicht aufgegangen. Trotzdem ist es durch das vom Schnee reflektierte Licht angenehm hell. Aber auch ohne ausreichendes Licht würde ich meinen Käfer-Oldtimer an seiner markanten rundlichen Form mit hundertprozentiger Sicherheit erkennen.

Ich gehe also auf ihn zu und beginne damit, den weichen Pulverschnee von seinem Dach zu fegen. Sofort kommt die feuerrote Farbe zum Vorschein und durchbricht das grelle Weiß wie ein großer Blutstropfen. Je mehr ich vom Auto freilege, desto größer das imaginäre Blutbad. Dieses Rot gefällt mir immer wieder! Es war die richtige Entscheidung, das alte Meisterwerk der Ingenieurskunst mit genau dieser Farbversiegelung in sein zweites Leben zu führen. Umso vorsichtiger gehe ich mit dem Handfeger vor. Denn wie schnell kann man diese empfindliche Oberfläche verletzen und dem Käferchen Schaden zufügen. Die herrlich ausgeformten Rundungen dieses einzigartigen Autos sind einfach ein Kunstgriff des früheren Autodesigns. Hier fließen Formschönheit, Funktionalität und Einfachheit in genialer Mischung ineinander! So etwas traut sich die heutige ausschließlich auf Profit orientierte Autoindustrie leider nicht mehr.

Mit dem weichen Handfeger nun vorsichtig die Seiten abfegen. Dann noch die verhältnismäßig kleinen Scheiben von angefrorenem Eis befreien.

Ein kleiner Plastikschaber, den ich dafür zuvor in die **Jackentasche** stekte, ist dabei hilfreich.

Da ist er wieder, mein feiner feuerroter Käfer! Den Besen werde ich im Auto verstauen, falls es in den nächsten Tagen erneut schneien sollte. Nun kann ich gleich die Autoschlüssel aus der Tasche holen, meinen Liebling aufschließen und seinen Boxermotor starten. Zweimal Gastreten, Schlüssel drehen, ahhh…. Ein Moment, auf den ich mich jeden Tag freue und der mein Autonarrenherz höherschlagen lässt! Wer schon einmal das unverwechselbare Trillern des doppelrohrigen Käferauspuffs wahrgenommen hat, wird wissen, wovon ich rede. Der einzigartige Vierzylinder-Boxermotor spielt für das Kennerohr eine wahre Musik, gepaart mit einem kraftvollen Knurren.

Aber was ist das? Irgendwie bekomme ich den Schlüssel nicht so recht ins Türschloss. Über eine Fernbedienung verfügt dieses Baujahr noch nicht. Scheinbar hat auch hier das Wetter ganze Arbeit geleistet und das Schloss vereist. Aber was soll's? Von so ein bisschen Eis lasse ich mir dach die Freude am Käfer nicht verderben! Auch darauf bin ich bestens vorbereitet und ziehe mein Türschloss-Enteisungsspray aus der Jackentasche und beginne, es in das Schloss zu sprühen. Natürlich nicht, ohne die Umgebung des Türgriffs sorgsam mit einem Zellstofftaschentuch vor dem Wirkstoff zu schützen.

Nun passt der Schlüssel endlich ins Schloss. Doch drehen und bewegen lässt er sich immer noch nicht. Ich wende alle meine im Hinterkopf abgespeicherten Tricks an, aber ohne jegliche Form von Gewaltanwendung. Nichts hilft. Meine extra dafür zusätzlich eingeplante Zeit ist nun aber doch langsam aufgebraucht und eine leichte Nervosität macht sich gegen meinen Willen in mir breit. Ich muss zur Arbeit!

Während ich am Türschloss hantiere, streift mein Hinterteil das parallel daneben parkende Auto und etwas Schnee fällt von ihm ab. Zum Vorschein kommt ein seitliches Trittbrett, das von feuerrotem Lack eingerahmt ist. Ich stelle zu meinem totalen Erstaunen fest, es ist ein Käfer wie meiner! Ich entferne noch ein wenig Schnee und lege auch bei diesem Auto das Türschloss frei. Ich erschrecke, als mein Schlüssel passt und sich ohne Kraftaufzuwand mit einem ganz leichten Ruckeln drehen lässt. Es wird alles noch viel schlimmer! Das ist mein Auto! Wie peinlich! Ich schaue mich um, ob mich jemand sieht und mache mich verstohlen an das Säubern des zweiten Autos. Vielleicht schaffe ich es, bevor mich jemand peinlich zur Rede stellt…

Abwechselnd schaue ich auf meine Uhr und auf jetzt beide gesäuberten Autos. Das kann doch nicht sein! Ein Einzelstück, dachte ich doch bis eben! So ein Unikat kann es doch nicht noch einmal geben. Gleiches Modell, gleiche Farbe, und dann noch genau nebeneinander? Nein, ich muss träumen! Aus dem Unikat wird ein Duplikat!

Das ist der Klassiker. Und ich Idiot bin drauf reingefallen. Ich tröste mich mit ein paar selbst zurechtgelegten Argumenten über meine Blödheit hinweg. „Ist ja doch ein großer Zufall, dass zwei gleiche Autos nebeneinanderstehen. Und dann noch zwei Oldtimer. Und in der gleichen Farbe…"

Also auch hier wieder mit größter Vorsicht den restlichen Schnee entfernen, wieder die Scheiben enteisen und so weiter. Fertig.

Trotz der sehr winterlichen Temperaturen ist mir inzwischen doch recht warm geworden. Ich will den Schlüssel gerade ins Schloss stecken, als eine hübsche Frau meines Alters neben mir steht und mit einem sympathischen Lächeln auf den Lippen gespannt beobachtet, was ich hier tue. Ich bin bemüht, mein Vorhaben und mein Missgeschick zu erklären, während sie sich interessiert meinem Handfeger zuwendet. Sie hört mir geduldig zu, bedankt sich freundlich für das Schneeabfegen und steigt dann mit einem verschmitzten Lächeln in ihr Auto. Sie startet es und der ersehnte Klang seiner Abgasanlage findet den Weg in mein Ohr. Ich reiße die Augen weit auf. Es ist das Auto, das ich als zweites säuberte! Jetzt verstehe ich auch den Rest der Welt nicht mehr. Meins war das erste und nur das Türschloss war eingefroren. Wie bescheuert muss man sein? Ein Blick aufs Kennzeichen hätte gereicht! Ich könnte im Boden versinken! Was muss die Käferfrau jetzt von mir denken? Sie fährt nach einem Augenzwinkern und einem Zuwinken lächelnd davon. Ich schaue dem feuerroten Käfer noch ein wenig nach und lausche seinem Klang, der im Schnee gedämpft wird.

Schließlich lege ich den Besen in mein Auto, nachdem ich das Türschloss mit meinem warmen Atem aufgetaut habe und es sich widerwillig öffnen lässt. Auf dem Holzgriff des Handfegers entdecke ich mit Kuli geschrieben ihren Vornamen und gleich dahinter ihre Rufnummer. Mensch, ist das eine peinliche Situation!

Am Abend schneit es wieder. Noch heftiger als in der letzten Nacht. Ich gehe nochmal auf die Straße, um den Schnee zu prüfen und in die von ihm verursachte Stille zu horchen. Als ich wieder vor der Haustür stehe, wähle ich die Handfegerstiel-Rufnummer und warte nervös ab, bis sich jemand meldet. „Hallo!“ sage ich. „Ich bin’s. Ich könnte morgen früh wieder Dein kleines rotes

Auto abfegen. Was denkst du? Für jetzt habe ich eine schöne Flasche Chianti dabei. Der passt zur bestellten Pizza, die in einer Viertelstunde kommt, immer noch am besten."

Der Haustürsummer ertönt und gibt die Tür frei, ohne dass es am anderen Ende des Telefons eine Antwort gegeben hätte...

## Flugangst – Zuckerwatte – Draht

Ich bin nicht unbedingt ein Fan der Fliegerei. Technisch fasziniert mich alles, was sich um Flugzeuge dreht, wozu ich auch Hubschrauber zähle. Ich finde es sogar sehr spannend, wie sich viele Tonnen schwere Apparate mit einer scheinbaren Leichtigkeit in die Luft erheben können und sich dabei präzise steuern lassen. Nein, genauer gesagt leide ich unter einer leichten Form von **Flugangst**. Hört sich blöd an, ich weiß. Aber, oder gerade, weil ich selbst Techniker bin, weiß ich auch um die Schwachstellen dieser Konstruktionen. Oberflächlich sieht alles perfekt aus. Wenn aber mal etwas fehlerhaft oder verschlissen ist, können es die Unfallermittler jedoch erst später aus den Trümmern ableiten und dann das Bild erzeugen, als hätten sie alles vorher gewusst. Wenn ich dann aber meinen Platz eingenommen habe und sich die Maschine in Bewegung setzt, schwindet die Angst und weicht wieder meinem technischen Interesse. Die spätere Reiseflughöhe empfinde ich dann eher als langweilig, was sich erst wieder beim Landeanflug ändert.

Heute soll alles anders kommen. Der Flug nach Mallorca wird in Kürze starten. Die Flugbegleiterinnen an Bord machen ihren üblichen Job. Sie kontrollieren, ob alle Fluggäste angegurtet sind, ob alle Gepäckfächer richtig verschlossen sind und beginnen dann mit der üblichen Prozedur der Notfalleinweisung, die wie immer vom Band kommt und von ihnen in Gebärdensprache sychronisiert wird.

Wir bewegen uns bereits. Der „Pusher“, so nennt man die starken Schlepper, die die Flugzeuge aus ihren Parkpositionen schieben, hat uns schon ausgekoppelt und der Airbus rollt aus eigenem Schub zur Startposition. Es geht los. Eine kurze Durchsage des Flug-Kapitäns an die Mannschaft: „Cabin-Crew, we‘r starting!“ Sie nehmen daraufhin auch Platz und gurten sich für den Startvorgang an. Die starken Turbinentriebwerke werden rasch auf Leistung gebracht und die Maschine wird schneller. Eine derartige Beschleunigung erlebt man nur hier! Kaum ein Auto erreicht solch eine Geschwindigkeit in dieser kuzen Zeit. Schon verstummen die Rollgeräusche und der Boden entfernt sich von uns. Stattdessen spürt man kurz nach dem Abheben die leichten Vibrationen, die das Einklappen der Fahrwerke verursacht. An dieser Stelle empfinde ich immer die pure Euphorie! Keine Spur mehr von Angst. Einfach nur noch Begeisterung für das, was die Ingenieure bei der Konstruktion geleistet haben!

Die Stewardessen beginnen inzwischen mit ihrer normalen Arbeit. Da der Mallorcaflug nur etwas über zwei Stunden dauert, müssen sie sich ganz schön sputen, alle ihre Aufgaben in der relativ kurzen Zeit zu bewältigen. Dazu gehört das Ausschenken von Getränken und das Servieren der Speisen, sowie der Verkauft von Duty-Free-Waren wie Parfum und Spirituosen. Indessen müssen natürlich die Reste des Essens abgeräumt und auch wieder zurück in die Kombüse gebracht werden. Aber sie erledigen alles mit dem von ihnen gewohnten Lächeln auf den Lippen, wofür ich sie im Stillen bewundere.

Plötzlich wird das Zeichen zum Anschnallen wieder gesetzt. Das passiert zum Beispiel, wenn Turbolenzen erwartet werden. Eine Angestellte wird mit einer kurzen Durchsage an die Bord-Sprechanlage gerufen. Im Anschluss daran hält das Dienstpersonal eine kleine Besprechung ab, woraufhin sie ihre Trolleys an den Bodenschienen verankern. Sie geben in der normal gespielten Freundlichkeit bekannt, dass sie den Service nun vorübergehend einstellen müssen. Wer möchte schon gern seinen Tomatensaft auf dem Hemd haben, nur weil sie wegen heftiger Bewegungen des Flugzeugs die Becher beim Eingießen nicht mehr treffen?

Plötzlich beginnt das Kabinenlicht hektisch zu flackern. Ein Blick aus dem Fenster offenbart, dass die Spitzen der Tragflächen um beträchtlich schwingen. War sie da wieder, meine Angst? Nun setzt sich das Personal wieder in die für sie frei gehaltene Sitzreihe und legt die Gurte an.

Ein Vielflieger verriet mir mal, man müsse in derartigen Situationen nur das Kabinenpersonal beobachten. Solange diese freundlich lächeln und untereinander Späße machen, ist nichts besorgniserregend. Aber die sehen nun gerade eher selbst beängstigt aus. Oje, was wird das für ein Flug werden? Ganz bestimmt gar keiner nach meinem Geschmack!

Eine Durchsage des Kapitäns folgt: "Liebe Fluggäste, mein Name ist Thomas Fischer. Ich bin Ihr heutiger Flugkapitän an Bord und begrüße Sie im Namen der Crew und meines Copiloten Frank Herda. Das Wetter spielt uns leider heute übel mit. Ich habe eine andere Flughöhe angefragt, um den Unbilden einer Gewitterfront aus dem Weg zu gehen. Dies wurde jedoch wegen des hohen Flugaufkommens abgelehnt. Wir alle werden also die Zähne zusammenbeißen und da durchfliegen müssen. Bitte bleiben Sie angeschnallt. Ich informiere Sie weiter. Vielen Dank!"

Ist mir jetzt wohler? Ganz klar: Nein! Ich weiß natürlich, hier arbeitet eine Crew, die auch weiterleben will und alles genau dafür tut. Diese Leute sind routiniert in ihrer Arbeit und gut geschult. „Sie werden auch das hier meistern", rede ich mir ein und versuche, ich mich im Stillen damit etwas zu beruhigen.

"Bitte", ertönt erneut die Sprechanlage aus dem Cockpit, "halten Sie sich fest! Wir müssen nun den Autopiloten abschalten, um einige ‚sportliche' Ausweichmanöver zu fliegen."

Meine Stimmung verlagert sich allmählich zum Gefrierpunkt, während meine Anspannung gleichzeitig den Siedepunkt erreicht! Der Flieger ruckt, zittert und macht merkwürdige Geräusche. Er macht aus Sicht der Passagiere ungewohnte und angsterregende Bewegungen, die dem einen oder anderen eine andere Gesichtsfarbe verursachen. Wir befinden uns über den französischen Alpen. Wäre da nicht ein scheinbar nur schwierig unter Kontrolle zu haltendes Fluggerät und säße ich nicht zufällig genau da drin, hätte es ein schöner Anblick von oben werden können. Die Gewitterwolken türmen sich neben der vergleichsweise zwergenhaft wirkenden Maschine hoch auf. Die Sonne bescheint das Unwetter von oben, wodurch es wie Berge aus **Zuckerwatte** erscheint.

"Sie werden es bemerken, wir drosseln jetzt die Turbinen" höre ich den Captain durchsagen. Stimmt, es ist jetzt deutlich leiser! "Das Unwetter und die unvorhersehbaren Flugmanöver kosten uns eine Unmenge Treibstoff und wir wissen noch nicht hundertprozentig, was uns noch bevorsteht.

Um für den Anflug auf Palma und die Landung genügend Reserven zu behalten, werden wir auch in Kürze ein Triebwerk ganz abschalten."

Das ist nicht wahr, oder? Was kann denn jetzt noch kommen, frage ich mich. Warum habe ich mich bloß wieder darauf eingelassen, in so ein Ding zu steigen? Wir gleiten jetzt etwas ruhiger vor uns hin. Das Festland weit hinter uns und die Insel noch nicht in Sicht. Das Servicepersonal sitzt noch immer auf seinen Plätzen und hat nun weit aufgerissene Augen! Wie ernst ist die Lage?

"Liebe Fluggäste, ist jemand unter Ihnen, der sich mit Hydraulikanlagen auskennt?" Der Pilot klingt besorgt! "Wenn ja, bitte ein Mitglied der Cabin-Crew ansprechen! Dringend!" Einige Passagiere beginnen sich zu bekreuzigen.

Ein ratterndes Geräusch geht durch die Kabine. Die Klappen über den Köpfen stehen plötzlich offen und vor jedem Kopf hängt eine Sauerstoffmaske an einem Schlauch aus der Decke. "Kein Grund zur Beunruhigung! Das ist nur eine Fehlfunktion." Ich glaube, das ist jetzt die Stimme des Copiloten. Sollte ich mich nun freuen, dass es ‚nur' eine Fehlfunktion war? Da steckt doch eine gewisse Ironie drin. Jetzt fehlt nur noch Qualm im Flugzeug, wage ich kaum mit meinen Gedanken heraufzubeschwören.

Die Tür zum Cockpit springt auf und heraus kommt ein Mann, dem das ursprünglich weiße Hemd teilweise aus seiner dunkelblauen Hose herausgerutscht ist. Drei goldene Streifen auf den Schulterstücken verraten, dass es der Copilot sein muss. Er eilt zu den angegurteten Stewardessen in der hintersten Sitzreihe und wiederholt auf seinem Weg durch den Gang immer wieder: "Wir haben alles unter Kontrolle. Alles Roger. Kein Grund zur Panik!" Seine Hände sind schmutzig oder ölverschmiert. Genau wie sein Hemd. "Hat zufällig jemand ein Stück **Draht** im Handgepäck? Das wäre wirklich hilfreich!" Habe ich eine derartige Ansage schon mal gehört? Heißt es nicht irgendwo „Wir haben alles im Griff, auf dem sinkenden Schiff…“?

Natürlich hat niemand Draht dabei! Wozu auch? Bestimmt hätte ihn die Security nach der Röntgenkontrolle des Gepäcks ohnehin beschlagnahmt.

Auf dem Rückweg in die Pilotenkanzel hat er etwas Werkzeug und einen kleinen Feuerlöscher in der Hand, was natürlich jeder der Reisenden registriert und mit ausdrucksstarken Gesten des Entsetzens quittiert. Manche mit einem Seufzer.

Plötzlich heulen die Triebwerke wieder wie beim Start auf und der Airbus gewinnt recht zügig an Flughöhe. Ein Raunen geht durch die Menschen an Bord. Ist es Ausdruck von Furcht oder von Erleichterung? Das ist gerade schwer zu unterscheiden.

Eine Stewardess löst ihren Gurt und läuft eiligen Schrittes in Richtung Flugzeugnase. Nachdem sie wieder an ihren Platz zurückkehrt, steht auch ihre Kollegin wieder auf und richtet ihre Uniform. Das Licht in der Kabine leuchtet nun wieder, nur die heraushängenden Sauerstoffmasken wird wohl jemand per Hand einpacken und auch die Fächer schließen müssen. Noch immer herrscht aber gebannte Stille im Flieger.

Erneut kündigt ein Ging-Gong eine Kapitänsdurchsage an: "Liebe Fluggäste, hier spricht noch einmal Thomas Fischer zu Ihnen. Sie erinnern sich? Ihr heutiger Kapitän an Bord. Vielen Dank für Ihre Vernunft und Ihre vorbildliche Disziplin in dieser 'Notsituation'! Sie waren natürlich zu keiner Zeit in Gefahr. Nach all der Aufregung möchte ich auflösen und Ihnen genau zwei Worte sagen: APRIL-APRIL! Wir hoffen, dass wir Ihnen den Flug damit kurzweilig gestalten konnten und freue mich, dass auch das Kabinenpersonal so super mitgespielt hat!“ Ging-Gong.

Die Stewardessen stehen nun auf den gleichen Plätzen wie vor dem Start und verneigen sich wie Schauspieler nach der Vorstellung am Theater.

Die meisten Leute an Bord klatschen nun Beifall, bis sie die Meldung zum Landeanflug unterbricht.

Ich sacke etwas erleichtert in meinen Sitz und beschließe: „Ich fliege nie wieder am 1. April!“

## Berufssoldat – Gänseblut – Körpersprache

Meine neue Freundin. Ich bin so stolz! Eine sehr hübsche Blondine! Wir sind nun erst kurze Zeit zusammen und heute ist der große Tag, an dem sie mich ihren Eltern vorstellen will. Ihre Mutter ist eine sehr gute Köchin polnischer Abstammung. Von ihrem Vater sagte sie, er sei **Berufssoldat**. Viel mehr weiß ich noch nicht und bin gespannt, wie das erste Treffen ablaufen wird. Ich möchte ja schließlich ein Image von jemandem hinterlassen, dem sie ihre Tochter gern anvertrauen. Gewisse Skepsis ihrerseits setze ich schon voraus.

Ihr Vater beschränkt seine Tätigkeiten im Haushalt darauf, die Zeitung zu lesen, Bier zu trinken und dabei die eine oder andere Zigarette durch Rauchen zu vernichten. Wodurch sonst?! Er hat dafür vieles im Garten zu tun. In den Sommermonaten gibt es dort viel Arbeit. Ständig ist etwas zu ernten. Kirschen, Johannisbeeren, Bohnen und vieles mehr.

Sylvias Mutter muss dann alles einwecken und verarbeiten. Tagsüber geht sie aber ihrer Arbeit in der Schokoladenfabrik nach. So könnte ihr Tag wenigstens zehn Stunden mehr bereitstellen, um diese Arbeiten alle zu schaffen. Sie ist gelernte Köchin, was sie insbesondere bei Familienfesten immer wieder unter Beweis stellt. Besonders gern bereitet sie Gerichte aus ihrer Heimat zu.

Ich bin in die Vorbereitungen zum gemeinsamen Mittagessen nicht einbezogen und komme mir eigentlich ziemlich nutzlos vor. Mich überkommt schnell das Gefühl im Wege zu stehen und nur auf das fertige „Futter“ zu warten. Irgendwie eine etwas unangenehme und befremdliche Situation.

Das Essen wird immer am Wohnzimmertisch serviert. Ihre Eltern nehmen dabei ihre Stammplätze ein. Beide sitzen uns so gegenüber auf dem Sofa, das ihr Vater noch an Sylvia vorbei den Fernseher im Auge hat, in dem die Nachrichten laufen.

Nun wird das Mittagessen auf den Tisch gebracht. Alles steht in der Tischmitte bereit. Eine Schüssel Kartoffeln, die Bratensoße, ein Teller mit Fleisch und Mischgemüse in einer Schale. Doch was wäre das Mittagsmahl ohne eine Suppe zu Beginn und einen Nachtisch zur Abrundung? Der Schokopudding mit der dazugehörigen Vanillesauce ist bereits serviert und die Suppenteller stehen auf den Esstellern. Nun kommt die Köchin mit der Suppenterrine und einem weiteren Gefäß mit Nudeln. Hierzu muss man wissen, dass bei ihr die Teigwaren niemals aus einer Tüte kommen, sondern immer selbstgemacht und absolut lecker sind, wie sich später noch herausstellen soll. Diese werden nach ihrer Tradition portionsweise auf den Suppenteller gelegt und dann mit der Suppe übergossen. Dies ergibt nicht nur eine edle Kombination, bei dem sich die Bestandteile einzeln herausschmecken lassen. Nein, die kalt servierte Pasta kühlt auch die Suppe ein wenig ab und macht sie dadurch angenehmer essbar.

Die farbliche Gestaltung der Suppe ist für mich eher ungewöhnlich, um es nicht merkwürdig zu nennen. Die Suppe, die eine brüheartige Konsistenz besitzt und mehrheitlich eine tiefbraune Farbe hat, ergießt sich über strahlendweiße Nudeln. Darin gibt es auch schwarz erscheinende Backpflaumen und Stücke von Möhren. Ich bemerke: „Interessant! Was ist das für eine Suppe?“ Der Geruch lässt für mich seine Ursprünge doch eher im Unklaren. „Ostpreußische Blutsuppe“ verrät ihre Mutter freudestrahlend. „Gemacht aus guten Zutaten und vor allem aus **Gänseblut**.“ Was für sie selbst eine Geschmacksoffenbarung zu sein scheint, stößt bei mir nicht auf volle Gegenliebe. Und das ist höflich ausgedrückt.

Ich bin doch zum ersten Vorstellen eingeladen, der denkbar ungünstigste Moment, die speziellen Essgewohnheiten der Familie infrage zu stellen und mich in der ersten Stunde der Begegnung schon als Mäkelfritze zu outen. Eine wahre Zwickmühle! In der Hoffnung, dass sich der Appetit beim Essen schon noch einstellen würde, beginne ich tapfer meine Suppe zu löffeln. Dank dieser auseklügelten Technik, der sich angleichenden Temperaturen ihrer Bestandteile, ist sie nicht mehr so heiß. Darum muss ich die Vorsuppe nicht so lange im Mund behalten und hoffe daher, dass ihre wesentlichsten Geschmacksträger in der kurzen Zeit nicht zur vollen Entfaltung gelangen. Also Mund auf, Löffel rein und ohne viel zu schmecken herunterschlucken. Immer öfter lässt mich die aus meiner Sicht sehr schräge Komposition doch erschaudern und treibt mir eine Gänsehaut auf so manches Körperteil. Die als Abrundung oder Veredelung eingebrachten Backpflaumen bilden hierbei den Höhepunkt!

Es kann gut sein, dass mich ihre Familie als recht wortkarg erlebt. Das dauernde Unterdrücken verschiedenster meine Abscheu offenbarender Körperreaktionen beschäftigt mich scheinbar so sehr, dass ich an meine Auslastungsgrenze stoße und zu keinem Gespräch mehr fähig bin. Gerade noch schaffe ich es, meine Gesichtsmuskulatur soweit unter Spannung zu halten, dass mein Lächeln nicht vollkommen schwindet.

Ich sehe, soweit es geht, weniger auf meinen sich nur sehr langsam leerenden Teller als vielmehr auf Teile des Hauptgangs, der auch einen viel angenehmeren Geruch verströmt. „Tapfer bleiben und den Teller leer essen!“ rede ich mir die ganze Zeit ein. Ich hab‘s ja bald geschafft und dann folgt zur Belohnung der Schweinebraten.

Natürlich mustert mich meine angehende Schwiegermutter hin und wieder kritisch. Sicher registriert sie auch meine Tischmanieren und fragt zwischendurch auch „Na, schmeckt’s denn?“ Sie ist eine leidenschaftliche Köchin! Das lässt sich nicht leugnen. Und dem Rest der Familie war die Suppe durchaus schmackhaft. Vermutlich wurden sie schon früh mit derartigen und ähnlichen Geschmackserfahrungen sozialisiert und müssen sich zumindest nicht zum Aufessen zwingen. Es schmeckt ihnen sogar bestimmt auch wirklich gut und sie kommen gar nicht auf den Gedanken, dass es mir vielleicht anders ergehen würde. Sollte ich jetzt ehrlich sein? Einfach ohne Rücksicht auf die Situation mit dem antworten, was mir mein Gefühl sagt? Ist es meine Bestimmung, gleich beim ersten Vorstellungsesuch jämmerlich zu scheitern? Beim Versuch, mich während des Mittagessens als sympathischer Schwiegersohn zu präsentieren, zu versagen? Natürlich will ich das nicht! Wobei mir einfällt, dass es eigentlich der zweite Besuch ist. Bein ersten hatte mich Sylvia spät abends mit zu sich genommen. Ihre Eltern schliefen bereits. Wir schlichen uns hinein und verbrachten ein paar kuschelige Minuten in ihrem

Zimmer bei Kerzenlicht, als ihr Vater plötzlich eintrat und mich mit den Worten herauskomplimentierte: „Wer vögeln will, muss auch fliegen können!“

Nun sitze ich trotzdem wieder hier und er nimmt bedeutend weniger Notiz von mir. Sylvias Mutter möchte ich aber nicht enttäuschen. Sie hat sich doch große Mühe gegeben, auch wenn die Suppe so gar nicht innerhalb meines geschmacklichen Toleranzbereiches für Essbares liegt! Ich antworte also mit einem diplomatischen „Einzigartig!“ Sie fühlt sich in ihrer Kochkunst gelobt und lächelt zufrieden. Oder täusche ich mich?

Ein Drittel befindet sich noch auf meinem Teller und ich sehe die Vorspeise vor meinem geistigen Auge bereits als „geschafft“. Als es soweit ist und der letzte Löffel gegessen ist, lege ich diesen beiseite und fasse den Teller an beiden Seiten, um ihn hinaus zu bringen. Die Teller der anderen hätte ich natürlich als umsichtiger zukünftiger Schwiegersohn gleich in die Küche mitgenommen. Für sie muss das jedoch das deutliche Signal sein, dass ich unbedingt einen dicken Nachschlag vertrage. Noch ehe ich mich abwehrend äußern kann, habe ich diesen schon auf meinem Teller. Auch mit den Händen hätte ich das nicht durch eine Geste verhindern können, denn die halten ja den Teller.

Ich deute an, dass ich bei dieser Menge Suppe den Hauptgang kaum schaffen werde. Sie versteht nun aber doch eher meine **Körpersprache** und an meinen Worten vorbei entnimmt sie schließlich, dass die Suppe meinen Geschmack nicht so recht trifft. Nun ist es raus. Das Vorstellungsessen ist geplatzt. Das hätte ich einfacher haben können, wenn ich bereits zu Beginn meine Abneigung deutlichgemacht hätte. Welch unerwünschte Geschmackserlebnise wären mir erspart geblieben…

Sie nimmt es aber gelassen hin und nimmt mir den Teller ab. Auch ihre Augen schein wohlwollend zu lächeln. Sie trägt mir das nicht nach. Gottseidank!

Das restliche Essen, das durch die „besondere Vorsuppe“ zur Nebensächlichkeit degradiert wird, schmeck nun wirklich sehr gut!

Wir reden heute noch oft über dieses Erlebnis.

Reinhard Mey veröffentlichte schon 1977 seinen Titel „Ist mir das peinlich!“, in dem er eine ähnliche Situation beschreibt.

## Kartenlegen – Geldstück – Aschenbecher

Ein wirklich guter Freund schleppt mich zu einer Wahrsagerin. Er lobt sie ständig in den höchsten Tönen und bearbeitet mich nun schon eine halbe Ewigkeit, sie endlich mal zu besuchen. Er meint, sie wäre eine wahre Meisterin im **Kartenlegen**, Orakeln, Handlesen und weiteren Fähigkeiten, die in der Zukunftsdeutung hilfreich sein sollen. Ich persönlich halte nicht besonders viel von solch esoterischem oder auch spirituellem Blödsinn. Ich nenne das im Allgemeinen ‚Kaffeesatzleserei' und bin auch nicht von meiner Meinung abzubringen. Und während ich noch überlege, ob ich bereit bin, die nicht unbeträchtliche Gage dieser Frau aufzubringen, muss ich feststellen, dass sie bei aller Mystik auch den schnöden weltlichen Dingen sehr zugewandt ist…

Ich sage ihr das. Sie versucht sich jedoch nicht zu rechtfertigen. Stattdessen quittiert sie es mit einer hochgezogenen Augenbraue, was ihre Stirn in merkwürdige kleine Falten legt. So als wollte sie damit sagen, „Warte du mal ab! Dich kriegen wir auch noch!"

Ich soll mich entspannen und darauf einlassen. Dies gelingt mir, wenn überhaupt, nur widerwillig und mit Mühe. Während sie das was ich für Spielkarten halte auf dem Tisch vor sich offen ausbreitet, trägt sie vorerst Dinge aus meiner Vergangenheit vor und veranlasst mich bei jeder richtigen Feststellung mit einem „JA“ zu antworten. Es ist erstaunlich, was sie an Erinnerungen zutagefördert. Aber woher hat sie den Einblick in mein bisheriges Leben? Sicher hat sie zuvor ganz viele Informationen von meinem Freund erhalten, die sie nun verwerten kann.

Jetzt muss mir schnell etwas einfallen, um sie auf die Probe zu stellen. Besser noch etwas, das sie schon gleich zu Beginn unserer Unterhaltung als eine Scharlatanin entlarvt. Eine Sache, die nur ich weiß. Auch mein Freund darf die Antwort nicht kennen. Ich krame in meiner Jackentasche und bleibe bei einem **Geldstück** hängen. "Welche Münze halte ich in meiner rechten Hand?", frage ich sie. "50 Cent!" antwortet sie spontan und ohne lange nachzudenken.

Ich bin nun doch annähernd sprachlos. "Wie verdammt machen Sie das?" will ich wissen. "Das war jetzt wirklich einfach!" lacht sie, als ob sie auf diese Frage schon gewartet hätte. "Welche Münze hätten Sie denn selbst erkannt, ohne sie aus der Tasche zu nehmen und anzusehen? Einzig der Fünfziger hat einen geriffelten Rand. Der Rest ist ein bisschen Kombinationsgabe. Um mich ernsthaft herauszufordern, müssen Sie sich mehr ausdenken! Das ist es doch, oder? Sie vertrauen mir nicht." Ihr Gesichtsausdruck verfinstert sich und ihre Augen werden zu messerscharfen Spalten. Gleichzeitig beginnen die Augenbrauen ein V zu bilden. Etwas Bedrohliches liegt jetzt in ihrem stechenden Blick. Andererseits zolle ich ihr nun doch im Stillen einigen Respekt für diese Spitzfindigkeit.

Nun wechselt sie in die Gegenwart. Auch hier stimmt bislang alles, was sie sagt, mit den tatsächlichen Geschehnissen in meinem Umfeld überein. Wieder kann ich alle ihre Thesen mit „JA“ bestätigen. Ich beginne nach und nach, ihr gegen meinen Willen Vertrauen zu schenken. Ein wenig Bewunderung schwingt auch mit. Schließlich muss sie sich vor unserer Sitzung eine Unmenge Informationen eingeprägt haben. Aber sie beschreibt auch Situationen, die mein Freund Martin gar nicht wissen kann und ich schwanke zwischen Respekt, Bewunderung und Misstrauen.

Nun wagt sie sich in meine Zukunft. Oder in das, was sie mir als solche wahrsagen will.

„Soll ich Ihnen jetzt irgendwelche Dinge erzählen, an die Sie doch nicht glauben? Eine gute alte Weisheit sagt, wer in die Zukunft schauen will, muss die Vergangenheit und die Gegenwart kennen.“ Während sie diese Worte ausspricht, holt sie eine abgegriffene beigefarbene Aktenmappe aus Pappe aus ihrer Handtasche hervor und lässt sie vor sich auf den Tisch klatschen. Dies tut sie, ohne ihren starren Blick auch nur eine einzige Millisekunde von meinen Augen abzuwenden. "Denken Sie etwa, Sie wären ein unbeschriebenes Blatt?", ergänzt sie.

Mit einer Schreibmaschine verfasste Seiten auf vergilbtem Papier waren darin abgeheftet. Sie sehen aus wie offizielle amtliche Formblätter aus längst vergangenen Tagen. Mein Name und die Adresse aus den Achtzigern standen in handschriftlichen Druckbuchstaben auf dem alten schmuddeligen Aktendeckel.

„Sie glauben doch nicht etwa, nur weil es die DDR nicht mehr gibt, haben wir unsere Tätigkeit eingestellt?“ Erst jetzt fällt mir ihre sächsische Aussprache auf. „Mein Name ist Regina Kroschewski, Major des Ministeriums für Staatssicherheit. Und jetzt unterhalten wir uns mal ausführlich über Ihre Rolle während der sogenannten Wendezeit. Wie ich den vorliegenden Dokumenten entnehme, waren Sie bei der Demonstration in der Berliner Zentralstelle in der Normannenstraße Ecke Ruschestraße dabei?“ Eigentlich ist das mehr eine Feststellung ihrerseits als eine Frage, weshalb ich mir auch eine Antwort erspare.

Da ich derartige Verhöre aus der Zeit der ehemaligen DDR noch in Erinnerung habe, erkenne ich auch die Anordnung der Tische, die mir zuvor gar nicht aufgefallen ist. Sie stehen als ein ‚T‘ aufgebaut und Frau Kroschewski thront in der Mitte des oberen Querstrichs des Buchstabens. Zu früheren Zeiten saßen noch zwei andere, meist niedrigere Dienstgrade daneben. Es wurde früher auch immer dabei geraucht und der Beschuldigte mit dem ausgeatmeten Rauch angeblasen. Wohl eine Art Überlegenheitsgeste. Im gleichen Moment des Gedankens holt Frau Major Kroschewski einen großen gläsernen **Aschenbecher** unter dem Tisch hervor, stellt ihn vor sich auf den Tisch, legt eine angebrochene Schachtel Cabinet daneben und zündet sich eine Zigarette an. Bisherige Reste von Höflichkeiten verschwinden nun vollständig und machen Platz für alte Rituale. Schon bekomme ich die erste Wolke ins Gesicht.

„Aha, den Wehrdienst haben Sie auch verweigert. Ach, es war der Reservedienst. Hab‘ mir schon sowas gedacht. Einen netten Brief hatten Sie damals geschrieben. Interessant!“ Er liegt selbstverständlich der Akte bei und sie liest ihn wortlos. Im Anschluss heftet sie ihn aus und lässt ihn in meine Richtung über den Tisch segeln. „Wer hat das für Sie formuliert? Das haben Sie sich doch nicht selbst ausgedacht, oder? Wer waren Ihre Helfer? Welche subversiven Subjekte haben mit Ihnen zusammengearbeitet? Ich will heute endlich Namen von Ihnen!“ Hier platziert sie eine rhetorische Pause, fügt dann aber hinzu: „Das hier könnte böse für Sie ausgehen! Sie schreiben genau in diesem Moment Ihre Zukunft. Deshalb sind Sie doch hier, oder? Sie wollen doch wissen, wie Ihre Zukunft aussieht. Was Sie in nächster Zeit erwartet. Sie haben die Wahl. Eine lange unangenehme Zeit könnte vor Ihnen liegen. Sie haben es in der Hand!“ Nach einer erneuten Pause fügt sie in einem gänzlich anderen leiseren Tonfall hinzu: „Wir könnten aber auch ein Auge zudrücken. Wenn Sie kooperieren, setze ich mich für Sie ein.“

Jede Geste und jede Ansprache legt die Vermutung nahe, dass sie derartige Gespräche schon oft geführt hat. Zur Zeit des DDR-Endes muss sie etwa um die vierzig Jahre alt gewesen sein. Im Laufe der Unterhaltung, wenn man dieses Verhör so nennen kann, verschwimmen mir langsam die zeitlichen Zusammenhänge. Irgendwie vermischt sich meine Gegenwart mit der Vergangenheit. Bin ich im Heute oder im Gestern? Oder irgendwo dazwischen? Ich fühle mich unfreiwillig zurückgeworfen in längst vergangene Zeiten. Erinnerungen kochen hoch. Auch mein Puls hat inzwischen einen anderen Takt und ich atme schwerer als zuvor.

Jemand kommt herein und flüstert meiner Verhörführerin etwas für mich Unverständliches ins

Ohr. Dabei immer den Blick zu mir gerichtet, woraus ich entnehme, dass es eben auch um etwas mich Betreffendes geht. Daraufhin steht sie unvermittelt auf und verlässt mit der zuletzterschienenen Person den Raum. Ich bin einen Momentlang allein. Warum stehe ich nicht einfach auf und verlasse die Szenerie? Bevor ich jedoch darauf eine eigene Antwort finde, erscheinen sie wieder. Sie setzen sich jedoch nicht, sondern bleiben seitlich von mir stehen. „Hier kommen ein paar Zeitzeugen, die mehr zur Sache beitragen können." sagt Frau Kroschewski. Mit einer Handbewegung winkt sie noch weitere Leute herein.

Als sich nach einem Moment der Ernüchterung meine Aufregung legt, erkenne ich mehrere wirklich langjährige Freunde. Sie haben Blumen in der Hand und zünden auf einem Kuchen Kerzen an. Wie aus einer Kehle beginnen sie „Happy Birthday" zu singen. „Wir hatten doch beim letzten Geburtstag versprochen, dass da noch was kommt. Hast du wohl nicht mehr dran geglaubt, oder?" Frau Major stellt sich nun auch als Schauspielerin vor, die für Events zu buchen ist und überreicht mir ihre Visitenkarte. Ich muss sagen, sie hat die Rolle verinnerlicht. Genauigkeit bis ins Detail! Alle Achtung! Sie bessert sich mit dieser Rolle die Rente auf. Jetzt kann ich die Runde auflösen. Wir liegen uns alle in den Armen und ich lade sie und die Schauspielerin zum Feiern in die benachbarte Gaststätte ein.

Ein tolles Erlebnis, wenn es auch Erinnerungen geweckt hat, die ich lieber für alle Zeit vergessen hätte…

## Musikcassette – Bleistift – Umarmung

Wir kennen das alle. Lange Zeit schieben wir es vor uns hin. Immer wieder vertrösten wir uns selbst und erfinden Ausreden, um nicht endlich mal einen Schrank oder gar einen ganzen Raum aufzuräumen, zu entrümpeln oder auszumisten. Aber heute ist es soweit. Heute ist der Schrank fällig. Es regnet draußen in Strippen und was ich vorhatte, kann ich eh nicht tun. Also bereite ich mir erstmal einen Kaffee zu und positioniere mich mit einem Stuhl vor dem großen Schrank, in den schon lange Zeit nur eine Einbahnstraße führte. Selbst beim Umzug haben wir dieses Möbelstück nur mit Klebeband gesichert, damit seine Türen nicht ungewollt aufgehen. Wir haben ihn schließlich mit seinem Inhalt gebuckelt.

Seine Türen stehen vor mir offen und jedes Fach, ja alles was ich sehe erzählt mir seine Geschichte. Und das sind bislang allein die Gegenstände, die sich in vorderster Front befinden und sich meinem Blick nicht wie der überwiegende Teil entziehen. Ich merke bereits jetzt, dass es verdammt schwer werden wird, etwas davon wegzuwerfen.

Ich nehme die ersten Dinge heraus und betrachte sie. Ein Zirkel, noch aus meiner Schulzeit, dem seine Einstechnadel fehlt. Ich glaube, von dem trenne ich mich heute. Da von dieser Kategorie noch mehr zu erwarten ist, hole ich mir schon mal vorsorglich eine Mülltüte in die Nähe. Und zack! Der Zirkel ist weg. War doch ganz einfach! Der Anfang ist getan!

Mir fallen Zettel in die Hände. Warum habe ich die jemals aufgehoben? Kann es sein, dass ich auf diese Weise nur das Zimmer aufgeräumt habe? War es für diesen Moment der einfachste Weg Ordnung zu schaffen, oder das, was ich dafür hielt? Weg damit! Ein alter Heftlocher. Auch leicht defekt. Weg! Verbogene Büroklammern und Reißzwecken, alte leere Kugelschreiber, halb abgenutzte Radiergummis, eine Sonnenbrille mit nur einem Glas und einen eingetrockneten Klebestift sortiere ich aus. Wenn das so einfach weitergeht, ist das Aufräumen leichter und schneller getan als erwartet.

So kommt eines zum anderen. Ich schaue mir alles aufmerksam an und trenne mich von den meisten Sachen. Eine andere Rubrik wird aus Dingen gebildet, denen ein hoher Erinnerungswert anhaftet. So zum Beispiel Schnellhefter aus der Schulzeit. Beim Durchlesen einiger Seiten muss ich feststellen, dass damals ein geraumer Teil meiner kognitiven Fähigkeiten entweder pubertätsbedingt nicht voll ausgebildet oder mit Anderweitigem beschäftigt war. Meine Lehrer müssen wirklich sehr tapfer gewesen sein und verdienen postum einen Orden! Diese Stücke werden nicht entsorgt. Nur geordnet und vielleicht in Kartons für die Nachwelt konserviert. Hierzu gehört auch eine Sammlung von Fotos vom letzten Schultag. Alle waren auf merkwürdigste Weise verkleidet und haben damit ihre Freude zum Ausdruck gebracht, nicht mehr in die Schule zu müssen. Ein Lebensabschnitt ging zu Ende, bevor ein neuer begann. Vielleicht kann ich meinen Enkeln später davon berichten und mit meinen Asservaten zu deren Belustigung beitragen.

Nachdem ich schon etwas lichte Freiheit in eines der großen Fächer gebracht habe, fällt mir eine **Musikcassette** in die Hände. Sie war schwarz und trägt das Logo von BASF mit der Bezeichnung CR60. Erinnerungen schießen sofort durch meinen Kopf!

Natürlich gab es in der DDR auch entsprechend gleichgenormte Tonbandkassetten, aber die Unterschiede gingen weit über die Schreibweise mit C oder K hinaus. Die Beschichtung der ORWO-Kassetten hielt unzureichend gut auf dem Trägermaterial, dem eigentlichen Band. Sie löste sich und man konnte den braunen Eisenoxidstaub an den Fingern sehen, wenn man mit ihnen hantierte. Zudem gaben sie ein deutliches Rauschen wieder, was das Hörerlebnis sehr minderte. Zwanzig

DDR-Mark kostete so eine Kassette und nach nur kurzer zeit zerstörte sie sich durch schlechten Bandtransport von selbst. Die West-Kassetten von BASF waren da von sehr viel höherer Qualität. Eine grüne MC60, also Musikcassette mit einer Gesamtspieldauer von zwei Mal dreißig Minuten, lief entscheidend nebengeräuschärmer und verhedderte sich nicht ständig. Sie kostete damals fünf D-Mark im Intershop. Der inoffizielle Wechselkurs machte diese Anschaffung zu etwas von Wert. Wer das nun noch zu steigern bereit war, kaufte sich die schwarze „Low-Noise Chrome-Dioxid" mit dem Namen CR60 oder CR90, was jeweils die Spieldauer angab. Natürlich auch für einen etwas höheren Kaufpreis.

Diese Cassette in meinen Händen lässt mich bei meiner Arbeit und bei meinem leichtfertigen Wegwerfen innehalten. Was mag da drauf sein, dass ich sie so lange aufgehoben habe? Ich hätte das am liebsten sofort herausgefunden, aber ich habe kein entsprechendes Abspielgerät mehr. Auch niemand den ich kenne hat noch einen Cassettenschacht im Autoradio. Ich lege sie also vorerst zur Seite und widme mich weiter meinem Vorhaben. Aber sie geht mir nicht aus dem Kopf. Das Konzentrieren auf die weiteren zu begutachtenden Fundstücke fällt mir merklich schwerer. Früher hatte jeder einen Cassettenrecorder. Nicht nur zum Abspielen, sondern auch zum Aufnehmen. Später wurden diese von CD-Playern abgelöst, die gleichzeitig den Umbruch von analoger Technik zur digitalen verkörperte. Die mikroskopisch kleinen Striche und Punkte, die sich auf der Trägerfolie einer solchen Disc aneinanderreihen, werden von einer Art Computer entschlüsselt und rauschfrei als Musik wiedergegeben. Eine Revolution in Hörqualität und vor allem keine massakrierten Tonbänder mehr! Inzwischen sind aber auch sie dem Fortschritt geopfert worden, genau wie die empfindliche Venyl-Schallplatte, die es in der Zeit vor der Musikcassette hauptächlich gab und es inzwischen wieder gibt.

Kurz um, ich brauche ein Cassettengerät! Schließlich will ich nun unbedingt wissen, was sich auf dem schwarzbraunen Band der Chrome-Dioxid befindet. Bestimmt stammt sie noch aus meiner Schulzeit oder spätestens aus der Zeit meiner Lehre. Viel Spaß beim Rechnen, wie lange das her ist! Wird darauf nach all der Zeit überhaupt noch etwas Erkennbares zu hören sein?

Wenn also niemand aus meinem Bekanntenkreis einen Recorder hat, muss ich einen beschaffen. Im Geschäft bekommt man so etwas nicht mehr. Mir kommt das Gebrauchtwarenportal von eBay in den Sinn und ich beginne meine Recherche. Ich bin sehr erstaunt! Es gibt tatsächlich noch Neugeräte ab circa zwanzig Euro zu kaufen. Ich zögere keine Sekunde und bestelle mir so einen tragbaren Abspieler ohne eigene Lautsprecher. Man muss zum Hören Kopfhörer tragen. Wir sagten früher „Walkman“ dazu. Die erste Möglichkeit, Musik aus der Konserve auch unterwegs zu hören. Heute kann man damit sogar die Cassetteninhalte digitalisieren und auf USB-Stick als mp3 speichern. Lieferzeit 24 Stunden. Das geht ja.

Am Folgetag bin ich schon ganz aufgeregt und erwarte den DHL-Fahrer ungeduldig. Da kommt er auch schon. Ich packe das Gerät also sofort aus. Glücklicherweise hat es einen Netzanschluss, denn ich habe auch keine passenden Batterien zu Hause. Strom ran, Kopfhörer ran, Cassette rein und auf „Play“ gedrückt. Handlungsabläufe, die man einfach nicht vergisst. Genau wie das Radfahren.

Verschiedene Titel aus den 70er Jahren sind zu hören. Gegenüber heutigen Abspielmöglichkeiten rauscht auch die CR-Cassette mehr als in meiner Erinnerung. Vielleicht hat ihre Qualität im Laufe der Jahre nachgelassen. Als erster Titel läuft von den „Bee Gee‘s“ „Words“. Großartig! Ich habe Lust auf mehr! Ich bin schon im Begriff, das Band vorzuspulen und so möglichst schnell zum nächsten Titel zu wechseln. Aber die aufkommenden Erinnerungen sagen mir auch, dass ich damit besser vorsichtig sein sollte! Früher hat genau dies oft zur Zerstörung der Cassetten geführt. Die Bandspulen hakten danach oft und rollten das Cassettenband nicht mehr so leicht auf. Folge war ein über mehrere Meter zerknautschtes Tonband, das sich nach mühsamem Aufrollen mit einem **Bleistift** schrecklich anhörte. Also lasse ich die Musik lieber laufen und genieße den Titel in seiner vollen Länge.

David Bowie singt danach "Ground Control To Major Tom..." aus seiner „Space Oddity“ und anschließend kommt Rod Stewart mit „Sailing“. Allesamt Titel, die in keiner Schuldisco-Kuschelrunde fehlen durften!

Gefolgt von noch einigen anderen Stücken wie „Love Hurts“ von Nazareth, „Mornin‘ Has Broken“ von Cat Stevens und Santanas „Samba Pa Ti“, die ebenfalls ins Genre passen, kommt der Knallertitel der damaligen Zeit schlechthin. „Mull Of Kintyre“ von den Wings, der Solo-Band von Paul McCartney nach den Beatles.

Augenblicklich flammen Erinnerungen auf. Bilder spielen sich vor meinen Augen ab wie kleine Filmsequenzen. Meine heimliche Jugendliebe kommt darin vor. Heimlich deshalb, weil ich mich nie traute, es ihr zu gestehen. Ich meinte wohl, dass sie mich nicht mit den gleichen Gefühlen sah und ich deshalb ein „Nein“ von ihr riskierte. Aber dies war unser Lied! Wie ein geheimer Code. Auch niemals ausgesprochen. Eines war jedoch festgeschrieben wie ein unsichtbares Gesetz. Wenn dieser Titel lief, ließen wir beide jeden anderen Tanzpartner stehen und fanden uns. Immer!

Ich setze mich in meinen bequemen Sessel und schließe die Augen. Der Film hinter meiner Stirn versetzt mich in die Schuldisco und in die Zeit danach. Lichter flackern, wie es damals Mode war. In manchen Takten, während die Musik eine leise Stelle hat, kann ich das Schleifen der Schuhe auf dem Boden hören. Es ist warm und es ist der einzige Ort und Moment, wo genau das erlaubt war. Kuscheln mit der heimlichen Liebe und sie fest an mich drücken. Immer gespannt, wieviel sie davon erwidert. Ich kann ihren Duft riechen, ihren Herzschlag spüren. Ihre langen dunklen Haare krabbeln an meiner Nase und mit meinen Lippen berühre ich vorsichtig ihren Hals. Sollte ich jetzt etwas zu ihr sagen, käme nur Gestammel heraus. Schön, wenn dieser Titel endlos wäre oder wenigstens in einen weiteren langsamen Kuschelrock mündete! Während der Pausen zwischen dem Ende und dem neuen Anfang der nächsten Musik verharrten wir in unserer **Umarmung**.

Genau jetzt kommt aber leider eine musikalische Abkühlung. Wieder die Bee Gee's, aber diesmal mit „Nightfever“. Das passt gar nicht nach dem ausklingenden McCartney-Titel! Also spule ich im schnellen Rücklauf bis etwa dorthin, wo ich den Anfang des Stückes vermute. Nach ein paar Versuchen finde ich das Intro vom Ex-Beatle und drücke erneut PLAY. Schon versetzt mich die Musik der schottischen Küste wieder ins Träumen. Ich tue dies ein drittes und viertes Mal und genieße den Ausflug in die längst vergangene Zeit und hole mir so einen Teil der damaligen Gefühle zurück. Wie würde sie heute diesen Titel hören? Hätte sie ähnliche Erinnerungen? Oder hatte sie sich nur damals nicht getraut, „Nein Danke!“ zu sagen? Wer weiß…

Doch was ist das? Komische Geräusche. Ein ausgewachsener Bandsalat holt mich in die Realität zurück. Ich hätte die damaligen Warnungen nicht so leichtfertig missachten sollen. Zu vieles Spulen schadet der Cassette.

**Nachtschrank – Kaffee – Wasserfontaine**

Der Wecker klingelt und reißt mich unvermittelt aus meiner Tiefschlafphase. Ich bin noch etwas benommen, beschließe noch ein wenig liegen zu bleiben, um mich langsam an die offenen Augen und das Gefühl wach zu sein zu gewöhnen. Der diensteifrige Wecker stört mich auch dabei nach zehn Minuten erneut und ich will ihm mit einer energischen Bewegung am liebsten sein vorlautes Maul stopfen. Dabei reiße ich das Handy vom **Nachtschrank**. Es fällt herunter und bleibt mit gebrochenem Glas liegen. Der Wecker verstummt aber nicht. Es ist das kaputte Telefon, welches jetzt auf dem Laminatboden tönt und vibriert. Ich schalte den Alarm ab und bin nun doch restlos wach.

Mit einem langgezogenen Gähnen setze ich mich an der Bettkante auf und strecke die Arme zur Decke aus, um die noch müden Gliedmaßen zum Tagesstart in eine erste entspannende Bewegung zu versetzen. Sogleich stehe ich auch endgültig auf und will als erstes ins Bad gehen, rutsche jedoch über eine vom Vortag liegengelassene Socke auf dem Laminatboden aus und prelle mir ausgiebig die Hüfte. Als der starke Schmerz schließlich zu bewältigen ist und mir wieder einigermaßen klare Bilder vor Augen erscheinen, versuche ich es mit dem Aufstehen erneut. Aua, verdammt! Welcher Idiot lässt die obere Schranktür offen stehen? Ich muss vor mir selbst gestehen, dass nur ich das gewesen sein kann. Die scharfkantige Ecke der Tür quittiert den Anstoß meines Kopfes mit einer Schmarre über meiner **Augenbraue**, aus der Blut quillt. Reste davon bleiben auch sichtbar, als ich das Blut bereits abgewaschen habe.

Jetzt erst mal duschen, dann sieht die Welt schon viel freundlicher aus! Das Thermostat der Duschbatterie ist aus irgendeinem Grund auf maximal eingestellt, was mir für einen viel zu langen Moment fast die Pelle vom Körper brüht. Von der leeren Flasche, in der sich normalerweise das Duschbad befindet, will ich gar nicht anfangen zu berichten.

Schließlich schaffe ich es, wenn auch ganz schön spät dran, das Haus zu verlassen und mich in Richtung Arbeitsplatz zu bewegen. Als ich jedoch ins Auto steige, macht es beim ersten Startversuch nur müde „klick“. Die Zentralverriegelung hat wohl die letzte Reserve aus der Batterie gesaugt. Darüber entsetzt fasse ich den Beschluss, heute das Auto zwangsläufig stehen zu lassen und stattdessen die Bahn zu nehmen. Diesen Beschluss selbst zu fassen klingt für mich einfach besser, als mich dem unwilligen Schicksal einer leeren Autobatterie zu unterwerfen. So mache ich mich auf den Weg, dessen Rand, wie ich mit meinem Schuh feststellen muss, voller Hundekot übersät ist.

Da ich es aus Zeitnot nicht schaffte, mir noch zu Hause einen **Kaffee** zuzubereiten und etwas Kleines zu essen, nutze ich heute mal die Möglichheit, unterwegs zu frühstücken. Im Bahnhofsgebäude gibt es einen Kiosk, wo neben den Tageszeitungen auch verschiedener Imbiss angeboten wird. Ich bestelle einen ‚Kaffee-to-go' und ein halbes Brötchen mit Eiersalat. Beides könnte ich während der Fahrt mit der S-Bahn genießen. Die nette Verkäuferin reicht mir als erstes den Kaffee über den Tresen, von dem ich gleich den ersten Schluck probiere. Leider lässt der aus meiner Sicht völlig unnötige Plastikdeckel, der im weitesten Sinne an eine Schnabeltasse erinnert, keinerlei Temperaturprüfung zu. Ein Becher ohne Deckel ermöglicht das ganz von selbst, indem sich die Lippen der Flüssigkeit sehr vorsichtig nähern können. Ich sauge also wie ein im Krankenhaus bettlägeriger Patient an dem kleinen Loch im Verschluss und muss unmittelbar darauf feststellen, dass sich der Kaffee darunter kurz vor dem Verdampfen befinden muss. Meine Zungenspitze quittiert dies sofort mit einer spürbaren Blase, ergänzt durch den Total- verlust des Geschmackssinns an dieser Stelle. Die Wärme des Heißgetränks durchdringt die

Pappwände des Bechers relativ schnell. Als mir dieser deshalb fast aus der Hand fällt, reicht sie mir schon das mit Eiersalat belegte Brötchen.

Ich entferne noch schnell den blöden Schnabeltassendeckel vom Becher und will in Richtung Bahnsteig eilen, als der Kunde nach mir bereits mit wildem Gestikulieren auf eines der Brötchen in der Auslage zeigt. Natürlich stößt er mich ungewollt heftig an und der inzwischen nicht wesentlich abgekühlte Kaffee landet zu geraumen Teilen auf meinem Hemd. Plötzlich wird mir der bislang verborgen gebliebene Nutzen eines solchen Deckels auf schmerzliche Weise bewusst. Ich wende mich dem Anstoßer zu und starre ihn fassungslos an. Schaue abwechselnd zum Becher, dann zu ihm und wieder auf das Hemd. Ich finde einfach nicht die Worte, die die Situation verlangt. Nun hinter mir, versucht jemand seine Zeitung am Kiosk zu erangeln, die ihm die Verkäuferin reicht. Jetzt und insbesondere ausgelöst durch einen ungewollten Armhieb vom Zeitungskäufer in mein Genick, landet ein Klecks des Eiersalates neben den Kaffeeflecken auf meinem Hemd. Ich gifte ihn an: „Sehen Sie sich das an! Ich sehe aus wie ein Schwein!“ Er ergreift die Steilvorlage und erwidert: „Ja, und bekleckert haben Sie sich auch…“

Was für ein Tag! Das muss der Tiefpunkt sein! Als eigentlich immer optimistischer Mensch sage ich im Stillen zu mir: ‚Ab hier kann‘s nur besser werden!‘

Dass dies eine klassische Falscheinschätzung ist, bemerke ich an der Rolltreppe, vor der sich eine Menge Leute stauen. Ein schwergewichtiger Mann neben mir latscht mir in seiner Unachtsamkeit seitlich auf den rechten Fuß. Unter Schmerzen reißt, weil ich mich ja in Bewegung befinde, ein Teil der Sohle von meinem Stoff-Sneaker und klafft jetzt wie ein hungriges Maul, das es auf mein belegtes Brötchen abgesehen hat.

Ich kehre endgültig um und verlasse nun ziemlich frustriert den Bahnhof. Zu spät komme ich inzwischen ohnehin. Draußen setze mich auf den Rand des Springbrunnens, um doch noch den Rest meines hart erkämpften Frühstücks aufzuessen. Genießen träfe es jetzt nicht ganz. Erstmal durchatmen und Bilanz ziehen! „Was haben wir denn hier?“, würde es im Tatort heißen. Ich habe eine Beule und eine inzwischen verkrustete Schmarre auf der Stirn und einen etwas fehlstelligen Gang in Schonhaltung wegen der Schmerzen in meiner Hüfte. Mein nach der viel zu heißen Dusche frisch angezogenes Hemd ist mit hübschen Flecken vom Kaffee und Resten des Eiersalats individualisiert. Mit Fantasie könnte man es für eine Landkarte von Afrika halten. Mein Hunger und der Appetit auf einen morgendlichen Kaffee und ein leckeres Eiersalatbrötchen ist vollständig gestillt und am rechten Schuh klafft die Sohle, wobei der andere noch immer nach den Hundehinterlassenschaften stinkt. Die leere Batterie meines Autos habe ich schon aus meinen Gedanken verdrängt. Als ich sehen will wie spät es ist, hole ich das Handy mit dem kaputten Glas aus der Hosentasche…

Während ich darüber gedankenversunken in den verbliebenen Teil meines Brötchens beiße, treibt eine Windböe die **Wasserfontaine** des Springbrunnens genau in meine Richtung. Um die Bilanz meines Tages zu ergänzen, bin ich zur Krönung jetzt noch pitschenass. Und so richtig frisch riecht das kühle Nass auch nicht.

Ich denke also über meine peinliche Situation nach und realisiere gerade, dass es so nichts mit der Arbeit wird. Ich habe Kunden zu bedienen. Das geht unmöglich in diesem Outfit. Im Vorbeigehen nimmt auch ein Passant mich als Häufchen Unglück wahr und wirft mir in den inzwischen leeren Kaffeebecher, den ich in Gedanken fest umklammere, einen Euro und umsäumt seine Spende mit den Worten: „Aber nicht für Schnaps!“

Das ist genau der richtige Moment, diesen Tag vorzeitig zu beenden! Ich werde nach Hause gehen und mich wieder ins Bett legen. Ich bin mir hundertprozentig sicher, der Tag kann nach dem erneuten Aufstehen nur besser werden...

## Hörbuch – Sommerzeit – Remouladensauce

Ein herrlicher Sommertag! Alles, was ich heute oder morgen zu tun hätte, muss nun einfach mal warten! So eilig kann bestimmt nichts sein, dass ich einen so großartigen sonnigen Tag damit verschwende, etwas zu tun, was nur einfach getan werden muss. Das kann jetzt auch mal warten!

Das Wohnmobil steht sich die Räder eckig und schreit förmlich danach, endlich wieder mal bewegt zu werden. Also los geht's. Sachen packen, die Technik vor dem Start kontrollieren, neues Trinkwasser auffüllen, rasch noch ein paar frische Lebensmittel für die Tour in den Kühlschrank einlagern und dann tanken fahren. Und nicht vergessen, die Fahrräder aufzuladen!

Schon geht's los zur Ostsee. Da ja bereits der Weg Teil des Ziels ist, stimmen wir uns mit schöner Musik aus dem Autoradio ein. Wenn wir dann einige Zeit unterwegs sind, können wir auch gern ein **Hörbuch** in den CD-Player legen.

Das Checken der Wetter-App und des Regenradars im Handy bestätigt mein Gefühl, dass es ein ganz besonders schönes Wochenende bei strahlendem Sonnenschein werden wird! Haben wir auch Sonnenschutz mit hohem UV-Filter eingepackt?

Nach nun doch etwas langweiligem Herunterreißen langer Autobahnkilometer erreichen wir endlich die Brücke zur Insel und die ersten Seewinde streifen durch die geöffneten Seitenfenster des Autos unsere Nasen. So riecht Urlaub! Auch wenn‘s nur ein verlängertes Wochenende ist.

Angekommen! Wir melden uns an und belegen auf dem Campingplatz die uns zugeteilte Parzelle mit unserem Wohnmobil. Aber bevor wir alles fertig aufstellen, wollen wir an den Strand und mindestens die Füße in die Wellen tauchen. Später ist immer noch Zeit für den Rest. Herrlich! Wir entscheiden spontan, dass alles andere warten kann. Wir werden uns zuerst lieber komplett ins Wasser stürzen.

Nachdem wir wieder trocken und erfrischt sind, erledigen wir die Dinge, die uns den Aufenthalt verschönern. Tisch und Stühle stellen wir auf, Strom schließen wir an und schließlich das Wichtigste: Wir stoßen mit einem kühlen Bier an.

Mit unseren Elektro-Rädern werden wir morgen eine schöne Tour durch die Ostsee- und Dünenlandschaft unternehmen. Darauf freuen wir uns schon! Für heute lassen wir den Tag bei einem gemütlichen selbstgebrutzelten Abendessen ausklingen. Schön, dass es in den Sommermonaten abends so lange hell ist und die Sonne erst sehr spät untergeht. Von mir aus könnte **Sommerzeit** für das gesamte Jahr festgelegt werden!

Die ersten Sonnenstrahlen wecken mich und ein noch kühler Wind weht durch die geöffneten Fenster des mobilen Hotelzimmers. Zeit, um aufzustehen und für das morgendliche Bad in den Wellen! Auch wenn es bei Temperaturen von weit unter achtzehn Grad manchmal einige Überwindung kostet, ist dies ein inzwischen nicht mehr wegzudenkendes Ritual geworden. Bei diesen Wassertemperaturen und zu dieser frühen Stunde sind wir am Strand fast allein. Im Wasser sind wir tatsächlich die Einzigen. Nur ein paar Leute führen am Strand ihre Hunde aus. Sie haben zumeist winddichte Outdoor-Bekleidung an, die bis obenhin zugezogen ist und gegen den starken Wind eine Kapuze auf dem Kopf. Zugegeben, das kalte Wasser beißt ein wenig auf der Haut, aber der Moment, in dem wir herauskommen und uns den Bademantel überstreifen ist es wert! Nun ist uns gar nicht mehr kalt. Eher gut durchblutet und uns durchströmt ein warmes Gefühl. Und die verständnislos fragenden Blicke der wetterschutzbebekleideten Leute erfreuen uns zunehmend.

Nach einem ausgiebigen Frühstück orientieren wir uns mit Hilfe einer Radwanderkarte und legen die Strecke fest. Naja, nicht ganz, sondern nur die etwaige Richtung, denn wir lassen uns gern Raum für spontane Einfälle. Was wir aber auf jeden Fall einplanen sind Fischbrötchen, die hier an der Ostseeküste einen besonderen Stellenwert haben. Von früheren Ausflügen kennen wir einige Orte, an denen die Wagen der ortsansässigen Fischer stehen. Aber die sind eben mobil und könnten auch umgezogen sein. So hoffen wir einfach, dass wir auf unserem Weg irgendwo einen Stand finden.

Nach einer Stunde Fahrt sehen wir den Wagen mit Fischbrötchen. Wir verständigen uns jedoch, dass wir erst vor Kurzem ausgiebig gefrühstückt haben. Also radeln wir weiter und lassen uns noch etwas Zeit. Es gibt unweit einen niedlichen Ort mit einem kleinen Seglerhafen. Dort steht erfahrungsgemäß auch ein Kiosk mit Fischbrötchen. Inzwischen haben wir beide auch schon wieder Hunger. Aber eigentlich ist es doch mehr Appetit auf diese ostseetypische Leckerei!

Da liegen sie in der Auslage. Eines schmackhafter als das andere! Mir beginnt regelrecht der Zahn zu tropfen und ich kann mich gar nicht recht zwischen Backfisch und Brathering entscheiden. So wird's ein Bismarckhering im Brötchen. Natürlich mit der Option, noch ein anderes gleich im Anschluss zu probieren. Dazu ein kühles Bier vom Fass. Der Einheimische würde sagen: „So mut dat!"

Wir setzen uns auf eine nahegelegene Bank und haben freien Blick aufs Meer. Die vielen Möwen kreischen ihr gewohntes Lied und würden mir das Fischbrötchen liebend gern aus der Hand stibitzen. Das Bier kann ich auf einem Begrenzungsstein direkt an der Kaimauer abstellen. Endlich hineinbeißen! Super! Einfach überwältigend! Gibt's etwas Schöneres, das sich mit einem Kurzurlaub an der See verbinden lässt?

Erst beim zweiten Bissen bemerke ich einen großen Klecks **Remouladensauce** auf dem Fisch. Dieses Dressing jedoch schmeckt gewöhnungsbedürftig. Ich esse aber brav auf, denn ich will ja nicht meckern. Beim nächsten Brötchen würde ich die Sauce aber auf jeden Fall abbestellen. Auch das erste Bier trinke ich zügig aus, um einen guten Grund fürs Zweitgetränk zu haben.

Als ich wieder am Kiosktresen stehe, frage ich nun doch beim Inhaber des Fischbrötchenstandes nach und berichte ihm, dass die Remoulade wahrscheinlich nicht mehr so ganz frisch ist und er sie besser weglassen sollte. Natürlich ohne unhöflich zu werden und auch, um Missverständnissen vorzubeugen, in einem ruhigen und auch sonst zufriedenen Ton.

Er hingegen antwortet etwas schroff, wie es eben die nordische Art ist: „Nee, nee, min Jung. Wir ham gar keine Remoulade!“ Und mit einem schmunzelnden Blick zum Himmel fügt er hinzu: „Wenn dat man nich die verdammten Möwenviecher waren."

So wie sein Grinsen an dieser Stelle breiter wird, beginnt meines zu versteinern…

## **Beichte – Disco – Büro**

Heute ist wieder Gottesdienst in unserer kleinen Kirchengemeinde. In diesem Rahmen wird natürlich auch immer zur **Beichte** eingeladen. Kleinere oder wenn nötig auch größere Sünden können hier vor einer Vertrauensperson der Kirche ausgesprochen werden, um das Gewissen zu erleichtern und möglichst nach dem Sündenbekenntnis die Absolution zu empfangen. Buße tun kann durchaus reinigend für die sündige Seele sein. Das Empfangen des Bußsakraments stellt am Ende die Versöhnung mit Gott und den Mitmenschen in den Vordergrund.

Ich begebe mich also in den dafür eingerichteten Beichtstuhl. Er wirkt eher wie eine Art Schrank oder kleiner hölzerner Raum, der zwei Personen einen Sitzplatz bietet. Eine seiner Türen führt den Sünder zu seinem Platz, der andere Eingang ist für den Priester gedacht. Beide sind durch eine Art Gitterwand getrennt. Diese wurde in früheren Zeiten eingerichtet, um Übergrifflichkeiten zu verhindern, die wohl zuvor tatsächlich stattfanden. Der Gesprächspartner ist dadurch auch schwerer persönlich zu erkennen.

Ich setze mich also. Meine Seite ist heute die des Beichtvaters. Ich nehme also den Priesterplatz ein. Hier löse ich den regulären Priester der Gemeinde nach seinem fünften Gespräch unbemerkt ab. Ein Mann um die fünfunddreißig, auf den ich bereits warte, steuert ein wenig zögerlich auf den Beichtstuhl zu, schaut sich nach rechts und links um und öffnet schließlich die Tür seiner Seite und betritt schweigend den kleinen Raum, in dem er kniend Platz nimmt.

Nachdem er jegliche Begrüßungsfloskeln überspringt, beginnt er aufgeregt und wirr drauflos zu plappern. Keiner seiner Halbsätze scheint einen Zusammenhang zu ergeben und er gestikuliert dabei stark. Nachdem er etwas ruhiger wird, versuche ich ihn zu leiten und ermuntere ihn, seine Gedanken etwas zu ordnen, um verständlicher zu werden. Er schenkt mir sein Vertrauen und beginnt etwas gefasster noch mal von vorn. „Vater, ich habe gesündigt!"

Von unserem Gespräch verspricht er sich die Vergebung seiner Sünden. Es ist ihm wichtig, sich vom Druck zu erleichtern, der auf seiner Seele lastet. Hier herrscht strengste Verschwiegenheit! Was der Priester im Gespräch erfährt, bleibt normalerweise auch in diesem kleinen hölzernen Raum. Eine Atmosphäre des Zwiegespräches im Vertrauen.

So berichtet er vorerst zögerlich von seinen Blicken, die er einer eigentlich viel zu jungen Frau hinterherwarf. Er scheint sich im tiefsten Inneren wirklich für sein Verlangen zu schämen.

Im Verlaufe des Gesprächs schildert er noch andere kleinere und unbedeutendere Verfehlungen. Da kommen geklaute Zigaretten zutage, nicht beglichene Spielschulden betrunken Autofahren, bevor er schließlich zum Kern seiner Beichte kommt.

So berichtet er, dass er letzte Woche nach der **Disco** eine junge Frau beobachtete. Er wollte ihr nichts tun und ihr auch nicht zu nahe kommen. Aber sie beeindruckte ihn dermaßen, dass er seine Blicke nicht mehr von ihr abwenden konnte. Er ging ihr, wie er bildhaft zu schildern in der Lage ist, auf ihrem Nachhauseweg nach. Einfach nur, um sie anzuschauen. Er beschreibt mit großer Begeisterung, wie sie sich bewegte, wie ihre Kleidung sich an ihren Körper schmiegte und später auch wie er ihren Duft genoss. Sein Begehren entglitt ihm schließlich. Er verlor die Kontrolle über seine Begierde und packte sie von hinten. Er zerrte sie vom Gehweg weg in ein Gebüsch und wollte sie eigentlich nur einen Moment umarmen. Da sich das Mädchen jedoch wehrte, setzte auch er mehr Kraft ein. So ergab sich ein ungewollt heftiges Handgemenge, in dessen Verlauf es auch zu weiteren Übergriffigkeiten und einigen Blessurn kam. Der Sünder in der Kabine neben mir beteuert, dass er der jungen Frau nichts Böses tun wollte. Im Gegenteil! Er liebt sie doch! Er ist sich bis zum heutigen Zeitpunkt sicher, dass sie ähnlich für ihn empfindet. Und trotzdem zeigt er in der Beichte einen Anflug von Unrechtsbewusstsein. Ein Widerspruch in sich, wie er auch selbst feststellen muss. Einerseits die Sicherheit, dass die Gefühle gegenseitig sind, andererseits der Kontrollverlust und die Berührungen ohne ihre Zustimmung. Nein, sogar ihre heftige Gegenwehr wird ihm jetzt erst richtig bewusst.

Ich habe vorerst genug gehört. Meine Vermutungen haben sich bestätigt, die mir halfen, dem Pastor seine Zustimmung zum Rollentausch abzuringen.

Die Wahrung des Beichtgeheimnisses steht für mich nicht auf dem Plan. Ich bin ja kein Geistlicher und deshalb niemand anderem verpflichtet als ausschließlich dem Gesetz. So beschließe ich, ihm folgendes zu sagen: „Normalerweise würde dir der Beichtvater an dieser Stelle raten, dich der Polizei zu stellen und einige ‚Vater-Unser' zu beten. Aber das tue ich nicht. Ich kann dir auch keine Absolution erteilen, da ich kein ordinierter kirchlicher Amtsträger, sondern ein Kriminalkommissar anstelle des Priesters bin. In unseren Kreisen spricht man weniger von einer Beichte als von einem Geständnis. Da ein Lauschangriff auf einen Beichtstuhl nicht statthaft ist, habe ich auch nichts aufgezeichnet. Aber du hast mir von deiner Tat berichtet. Ganz freiwillig. Das wird sicher deine zu erwartende Bestrafung mildern. Ist doch auch eine Art Absolution, oder? Deshalb wirst du mich auch gleich ganz freiwillig zu meinem **Büro** bei der Polizei begleiten und dort deine Geschichte wiederholen. Dort erledigen wir dann auch die Kleinigkeiten mit dem Papierkram…“